U0635284

高校辅导员队伍建设
与职业化发展

陈　蕾　时学梅　买买提江·依明　著

延边大学出版社

图书在版编目（CIP）数据

高校辅导员队伍建设与职业化发展 / 陈蕾，时学梅，
买买提江·依明著. -- 延吉 ：延边大学出版社，2021.9
　　ISBN 978-7-230-01941-5

　　Ⅰ．①高… Ⅱ．①陈… ②时… ③买… Ⅲ．①高等学
校－辅导员－师资队伍建设－研究 Ⅳ．①G645.1

　　中国版本图书馆CIP数据核字(2021)第179510号

高校辅导员队伍建设与职业化发展

著　　者：陈　蕾　时学梅　买买提江·依明
责任编辑：孟凡现
封面设计：王　朋
出版发行：延边大学出版社
社　　址：吉林省延吉市公园路977号　　邮编：133002
网　　址：http://www.ydcbs.com
E-mail:ydcbs@ydcbs.com
电　　话：0433-2732435　　　　　　传真：0433-2732434
发行部电话：0433-2732442　　　　　传真：0433-2732266
印　　刷：北京市迪鑫印刷厂
开　　本：787毫米×1092 毫米　　1/16
印　　张：8.25
字　　数：174千字
版　　次：2022年3月第1版
印　　次：2022年3月第1次印刷
ISBN 978-7-230-01941-5

定价：54.00元

前　言

在各高校竞争日趋激烈的环境下，辅导员的影响不容忽视。辅导员作为高等学校中与学生直接面对面交流的群体，对大学生意识形态的树立有着不容小觑的影响。由此可见，辅导员队伍建设具有重要意义。但是，长期以来，辅导员队伍建设没有得到足够的重视，导致辅导员工作成就感不强、高校地位较低、发展机会较少、整体素质不高等。因此，高校应通过落实政策、提高待遇、提高辅导员队伍专业化和职业化水平、健全辅导员工作考评和激励机制、保持辅导员队伍的动态平衡等途径来促进高校辅导员队伍的发展。

高校辅导员队伍的职业化是从业人员通过与辅导员工作相关的专业技能教育、培养或培训，从而具有学生思想政治教育与事务管理专业知识和工作技能，在高校中长期甚至终身从事辅导员职业，并推动相应制度、机制等管理体系的建立。当前高校学生教育与管理面临的新形势，以及所要应对的新挑战和破解的新难题，使高校辅导员队伍的职业化发展趋向日益清晰和明朗。

本书详细阐述了高校辅导员队伍建设与高校辅导员职业化发展，首先概述了高校辅导员工作定位，并分析了高校辅导员工作内容和队伍建设，然后详细论述了高校辅导员职业化基本概述、高校辅导员职业化的分析——交叉学科理论分析、高校辅导员职业化的主要问题和路径建设以及"互联网+"背景下高校辅导员职业化发展建设现状和路径等相关内容。

本书在撰写过程中，参考和借鉴了一些知名学者的著作和论述，在此向他们表示诚挚的感谢。另外，本书中难免存在纰漏之处，恳请老师、同人斧正。

目 录

第一章　辅导员队伍建设概述

第一节　我国高校辅导员制度发展历史

思想政治教育与国家的政治制度息息相关，中国的高校辅导员制度与中国特色社会主义制度下的高等教育发展紧密联系，并带有明显的社会主义特征。它的产生和发展都具有鲜明的中国特色，与其他国家的学生事务中心有着明显的区别。纵观中国高校辅导员制度，经历了从建立、发展到进一步完善的历史过程。回顾和研究这些历史可以为辅导员制度未来的发展指明方向。

一、高校辅导员制度的建立

中国辅导员制度正式进入高校始于 1949 年。1949 年召开的全国第一次教育工作会议首次提出在各工学院试行政治辅导员制度，主持政治学习及思想改造工作。随后，教育部、中共中央政治局会议先后对相关工作予以支持。1953 年，清华大学迈出了标志性的一步，经请示教育部、人事部，并获中央批准后，正式建立了政治辅导员制度。这一时期，清华大学和后续其他大学配备的辅导员基本都是"双肩挑"形式，即挑选思想政治素质高、有文化基础、有革命经验的党员兼职从事思想政治工作。1961 年，教育部颁布了《教育部直属高等学校暂行工作条例（草案）》。1965 年，教育部出台了《关于政治辅导员工作条例》，这标志着我国高校辅导员制度正式确立。"要逐步培养和配备一批专职的政治辅导员""平均每一百名学生至少要配备一名政治工作干部"，这一条例从操作上明确了辅导员的岗位职责和工作性质。

这一时期的辅导员制度是在当时政治形势下，为满足思想政治教育的现实需求而产生的，从属于政治工作，还没有形成自身发展的体系和道路。

二、辅导员制度的发展

1980 年和 1981 年，教育部先后出台了关于高等学校学生思想政治工作的相关规定，对高校从事思想政治工作的人员和政治辅导员的师生比作了规定。但这时的思想政治工作仍然是兼职为主。1983 年，教育部开始在全国 12 所高校设置思想政治教育专业，正式培养具有大专、本科、研究生学历的思想政治工作专业人才并计划建立思想政治教育的专家队伍。这标志着思想政治工作队伍开始往专业化的方向发展。

这一时期，辅导员制度有了长足的发展。国家提出思想政治教育工作专业化，对高校辅导员的身份、待遇给予了明确界定，并开始考虑辅导员的职业发展。这激发了思想政治教育工作者，尤其是辅导员的工作热情。但这一时期正逢中国改革开放。随着对外交流日益频繁，各种思潮也随之涌入，经济社会的快速变革给大学生的思想也带来了巨大的冲击。崇洋媚外、金钱至上、利己主义、自由主义等不良倾向在大学生中迅速蔓延，给教育界带来了巨大的困扰，也影响了辅导员制度的进一步发展。

三、辅导员制度的进一步完善

进入 21 世纪以后，党和国家高度重视大学生的思想政治工作。2000 年，教育部发布《关于进一步加强高等学校学生思想政治工作队伍建设的若干意见》，对高校学生思想政治工作的专兼职人员进行了明确的规定。2004 年，中共中央、国务院联合下发《关于进一步加强和改进大学生思想政治教育的意见》，"政治辅导员"的称呼退出历史舞台，只称"辅导员"，将辅导员班主任确定为"大学生思想政治工作的骨干力量"，并且实施大学生思想政治教育队伍人才培养工程。2005 年，教育部发布了《关于加强高等学校辅导员班主任队伍建设的意见》，将辅导员的"职业化""专业化"正式写入文件。2006 年发布的《普通高等学校辅导员队伍建设规定》自 2006 年 9 月 1 日起施行。

2015 年 11 月，教育部在官网公布了《普通高等学校辅导员队伍建设规定》的修订情况。《普通高等学校辅导员队伍建设规定》于 2017 年 8 月 31 日经教育部 2017 年第 32 次部长办公会议修订通过，自 2017 年 10 月 1 日起施行，对辅导员的"配备与选聘""发展与培训""管理与考核"等方面做出了明确的规定。

第二节　高校辅导员角色定位

2019 年 3 月 18 日，习近平总书记在学校思想政治理论课（以下简称"思政理论课"）教师座谈会上指出：要建立党委统一领导、党政齐抓共管、有关部门各负其责、全社会协同配合的工作格局，推动形成全党全社会努力办好思政课、教师认真讲好思政课、学生积极学好思政课的良好氛围。辅导员作为高校思政教育队伍的骨干，有责任和义务发挥自己所长，做好角色定位，提升自我素养，配合思政理论课教师及其他思政工作者做好思政理论课的建设工作。

一、辅导员应把握上好思政理论课的规律

追溯辅导员的发展史可知，辅导员曾被叫作政治辅导员，其主责主业就是对学生进行有效果、有目的的思想政治引领，其工作内容和性质带有与生俱来的政治属性。辅导员日常工作中所开展的各类事务性管理工作，例如：宿舍走访、谈心谈话、听课开会等，均要以服务思想政治引领为主旨，以培养社会主义合格建设者和可靠接班人为目标。目前辅导员工作存在轻内涵重形式、轻规律重经验的现象，要改变这一现状，辅导员不能将工作内容仅仅停留在对学生的日常行为管理和事务性的处理上，更要懂得透过纷繁复杂的表面看到共性，将经验积累提升为规律。在思政理论课的建设中，辅导员应发挥自己的优势，对思政教育客体——学生的行为习惯、成长规律、关注热点、话语体系进行总结提炼，为思政理论课的开展提供科学建议和规律遵循。

（一）贴近学生，掌握大学生成长规律

辅导员是高校思想政治教育的一线工作者，其工作内容决定了辅导员是距离学生最近、陪伴学生时间最长的人，更是能够在第一时间掌握学生思想动态和现实困难的人。辅导员应充分把握马克思主义哲学关于普遍性与特殊性原理的论述，在日常工作中，学会透过个案把握共性、总结共性引导个体的本领。例如：通过网贷案例，反思网贷背后当代大学生潜在的价值观和消费观；通过某些学生的作弊行为，研究当代学生在认知和践行社会主义核心价值观方面的现实阻力和困境等。辅导员要透过行为去总结、把握当代大学生的成长规律，开展科学严谨的理论研究，并将相应的理论研究成果与其他思政教育工作者共享，为思政理论课的开展提供支持、提供方法，以提高思政理论课的实效性、针对性。

（二）关注学生，聚焦热点难点问题

思想政治理论课要切实提高学生的到课率、抬头率、点头率，归根到底就是要提升思政理论课的吸引力。这就要求思政理论课要真正在内容上做文章，切实提高课程内容的新颖度、聚焦问题的精准度、情感共鸣的契合度。辅导员在日常工作中要主动对学生的朋友圈、QQ空间、微博动态进行观察分析；对学生在热门论坛、主题贴吧、班级群组中的话语行为开展调查研究；通过与学生交谈、接触，判断学生对热点难点话题所持的态度和看法，以此对学生关注的热点问题进行有效把握，并将调查结果形成文字报告，为思想政治理论课的开展，尤其是形势政策课的开展找准目标、提供方向。辅导员更要发挥自我优势，为思政理论课教师提供生动的教学案例、热点难点话题，让高校思政理论课既有马克思主义理论的高度，又有解决现实问题的温度，切实做到课堂内容的"顶天立地"，真正做到

用科学的真理引导学生、用生动的故事感染学生、用身边人讲述身边事、用身边事教育身边人，切实增强思政理论课的知识性和价值性。

（三）读懂学生，转化话语体系

思想政治理论课一定要讲学生听得懂的话，才能真正让学生入脑入心。也就是说，教师在讲授思政理论课过程中要注重话语体系转化，要说青年话，要让马克思"说"中国话。辅导员较之思政理论课教师的一大优势就在于更懂学生，更会讲学生听得懂的话。因此，辅导员应充分发挥这一优势，在自身学懂、弄通、悟透马克思主义原理、习近平新时代中国特色社会主义思想的基础上，做到学术术语与日常用语的高度统一，引导学生坚定共产主义的理想信念，争做社会主义的合格建设者和接班人。

二、辅导员应做思政理论课创新的探索者

辅导员是学生的人生导师和知心朋友，应做好传道授业解惑工作，在高校思政理论课的探索中，绝不做旁观者，而要争做建设者。辅导员要想胜任建设者这一角色，就必须切实提升自身的理论宣讲能力，对马克思主义、思想政治理论等相关专业知识的掌握能力，第一课堂和第二课堂协调配合能力，以及思政理论课创新发展能力，做有信仰、有专业、有方法的思政教育工作者。

（一）真学真懂真信，让有信仰的人讲信仰

习近平总书记指出，理想信念就是共产党人精神上的"钙"，没有理想信念或者理想信念不坚定，精神上就会"缺钙"，就会得"软骨病"。思政理论课是一门有信仰的课，但这一有信仰的课能否培养出有信仰的人，关键在于授课的人。因此一定要让懂信仰、有信仰的人来担任思政理论课教师。辅导员作为思想政治工作队伍中的一员，应当时刻树牢"四个意识"（政治意识、大局意识、核心意识、看齐意识），坚定"四个自信"（中国特色社会主义道路自信、理论自信、制度自信、文化自信），做到"两个维护"（坚决维护习近平总书记党中央的核心、全党的核心地位，坚决维护党中央权威和集中统一领导），牢固树立共产主义的远大理想和中国特色社会主义共同理想。辅导员只有做到对理想信念的真学、真信、真懂，才能理直气壮地开好思政课，讲清特殊敏感问题、讲透社会主义本质属性。辅导员要严格按照习近平总书记提出的"政治强、情怀深、思维新、视野广、自律严、人格正"的要求提升自身职业素养。只有自己先成为有信仰的人，才能在学生心中种下真善美的种子，扣好学生人生的第一颗扣子。

（二）提升专业水平，建好第一课堂主阵地

高校要充分发挥思政理论课的政治引领作用，用好思政理论课这个主阵地。辅导员虽

不是专职的思政理论课教师，但有义务和责任提升自己的理论研究水平和理论宣讲能力，严格遵循思政课建设的"八个相统一"，守好思政理论课的讲台，主动向专业化、职业化的方向靠拢迈进，提升自己的理论素质和修养，将工作优势转化为教学特色，提升思政理论课的亲和力、感染力，为思政理论课教师队伍建设补充能量、贡献力量。

（三）与时俱进，拓展第二课堂主渠道

建设与开展思政理论课，一定要将思政理论课的小课堂与社会大课堂结合起来。当前我国高校思政理论课的第一课堂建设都有了明显的改善和提升，第二课堂建设及活动开展在数量和质量上也都有所进步，但第一课堂和第二课堂的融合衔接仍然有待加强。第二课堂是辅导员开展思想政治教育、学生思想引领、日常事务管理的主战场，因此辅导员有条件、有能力，更有义务思考和探索思政理论课的第二课堂建设，并用科学方法提升第二课堂的政治性、引导性，打造系统、科学的思政理论实践课堂，打通第一课堂和第二课堂的阻隔，让日常的教育管理工作更好地服务于思政课的教学，让思政课的教学更好地促进日常的教育管理，从而建设好立德树人的主阵地。

（四）因材施教，改革课堂教学模式

思政理论课既要在教学目标、课程设置、教材使用、教学管理等方面统一要求，又要因地制宜、因时制宜、因材施教。经过多年的探索，当前思政理论课已经在形式和效果上有了一定的经验和积累。很多高校的教学模式和做法更是被树立为全国学习的榜样。但有些教学模式在被推广、被效仿的过程中出现了水土不服的现象，归根结底，在于教师对学生特点和规律把握不到位。大部分思政理论课教师只是一味地照搬照抄，并没有真正做到因地制宜。因此，辅导员作为最懂学生的群体，更应该在借鉴教学模式的同时做到科学创新，充分发扬马克思主义与时俱进、实事求是的精神，立足学生特点，做到思政理论课教学模式改革的时代化、本土化。

三、辅导员应及时反馈思政理论课的效果

思政理论课不是普通的学科，而是政治性和学理性、价值性和知识性高度统一的学科，因此该课程的评价体系也不能套用传统学科的唯"分数论"，其关键在于学生的认同度及日常行为的践行率。衡量数据不能通过传统的"考试"方式获取，更多地需要教室外的行为印证，这就需要辅导员做好"讲台外"的行为跟踪、价值反馈。

（一）坚持客体导向，追踪学生的课堂满意度

思政理论课的受众是广大学生，这一课程主要是通过对大学生进行教育引导，使其按照社会价值要求开展相应的实践活动。辅导员应不定期地通过个别访谈、问卷调查、匿名

打分的方式对学生的课堂满意度开展调查研究，通过有效数据分析，提炼出影响学生满意度的指标和影响因素，运用权重分析法，形成学生对思政理论课满意度的影响因素序列表。通过对满意度影响因素的总结反馈，激励思政理论课教师不断丰富教学内容，提升教学技能，创新教学方式，真正做到思政理论课的有理有据、有情有义、有滋有味。

（二）坚持主体导向，追踪学生的价值认同度

思政理论课要始终坚持价值是目的、知识是载体的原则，寓价值观引导于知识传授之中。思政理论课的最终目的是要对学生的理想信念、思想行为进行有效的引导，为培养社会主义合格建设者和可靠接班人固本筑基。不能仅以学生的"卷面成绩"去评价学生的知识获得、价值认同。这就要求作为思想政治教育主体之一的辅导员对学生的日常行为进行跟踪调查，运用大数据对学生的日常行为以及遵守纪律情况进行记录和分析，定期对不同年级学生在不同时段的行为进行科学比较，由此推断思政理论课对学生思想行为的引导力、说服力。

（三）坚持目标导向，追踪学生的遵章守纪情况

思政理论课的一个重要育人功能，就是培养德智体美劳全面发展的时代新人。一个人的外在行为很大程度上代表了这个人的内在价值选择。因此，思政理论课应充分发挥其过滤错误思想、纠正不正之风的功能，让学生在接受思政理论课的熏陶后，更加明辨笃行，遵纪守法，以严格的标准规范自己的行为。辅导员应通过大学生遵章守纪频率统计以及个案分析，进行科学的横向和纵向对比，以此推断思政理论课在促进学生个体全面发展的过程中发挥作用的权重，以此评估衡量思政理论课的实效性和科学性。

第三节　高校辅导员工作任务

随着我国改革开放的不断深入、高等教育体制改革的不断深化和现代信息技术的迅猛发展，人们的生活环境、生活方式和思想道德观念都发生了巨大变化。特别是对正处在世界观、人生观和价值观形成阶段的大学生产生了很大的影响，他们的学习、生活，尤其是思想发生了根本性的变化。在新的形势下，如何做好高校大学生的思想工作，成为所有高校管理者面临的一个重要问题。党中央一直对这方面极为重视，在 2004 年出台了《关于进一步加强和改进大学生思想政治教育的意见》。2017 年，教育部印发了《普通高等学校辅导员队伍建设规定》，提出了高校辅导员应履行 9 项工作职责。

辅导员是高校学院、系等各部门工作的具体实施者，是学生与学院等各处室部门间的桥梁纽带。面对新形势、新问题对高校学生思想政治工作提出的新挑战，高校辅导员要成

为大学生的人生导师和健康成长的知心朋友，扮演好指导员、管理员、服务员、咨询员等多重角色，帮助大学生树立正确的世界观、人生观、价值观，使之成为全面发展的合格人才。对此，高校辅导员应从以下三个方面去努力。

一、认真加强大学生思想引导

当代大学生出生在新时代，社会经济的快速发展使他们从小就生活在比较富足的环境里，没有生活艰辛困苦的经历。目前，社会竞争意识凸显，当代大学生正处在一个日益灵活多变、纷繁复杂的社会环境中。随着社会政治、经济、文化的转型，以及科学技术的迅速发展，他们在思想观念、价值取向、人生态度等方面也发生了一系列的变化。总体上看，当代大学生思想积极、健康、向上，突出表现在人生观、价值观上的务实进取，渴望为社会施展才华，崇尚理想人格，追求平等。但部分大学生在思想上存在一定程度的困惑和混乱。这主要有两方面的原因：一方面，当今社会多种思想观念相互碰撞，正确思想和错误思想相互交织；另一方面，传统应试教育制度的影响以及当今各大社会问题的出现，使得一些大学生产生了信仰危机和价值迷失。其主要表现为贪图享乐，怯于奉献，价值取向多元化，功利主义色彩较浓，注重实惠，缺乏理想，思想偏激，考虑问题有时不成熟、不全面等。要解决这些问题，辅导员在做学生思想工作时，要针对不同时期和社会形势发展的实际，采取多种措施对学生进行正面引导，强化人生理想和信念的教育。当今社会发展的速度很快，学生一届和一届之间的变化、差别非常大，所以辅导员一定要根据学生的特点，采用广大大学生喜闻乐见、乐于接受的方式与学生沟通，如：通过开展主题班会探讨学生所需，鼓励学生参加积极向上的社团活动和公益活动等，着眼于在实践中对学生的政治思想认识和道德品质进行教化和影响，提高其思想认识和精神境界，思想行为上积极向党组织靠拢。

二、重视培养学生良好的心理素质

大学阶段是人的一生中"心理发展"最为重要的关键时期之一，是大学生的心理走向成熟，人格趋于完善和稳定，价值观、人生观塑造的重要时期。大学生情感丰富与情绪不稳定的矛盾状态十分明显，他们对各种需求呈现不断增长趋势，而且不断产生新的含义，当内在的心理支持和这种需求，以及理想与现实出现不平衡时，这种心理落差就会引发心理问题，导致心理疾病的发生。现在的大学生大多数是独生子女，生活上的娇生惯养和学习上的一帆风顺，使他们很少经受挫折锻炼。跨入大学以后，部分学生因为对新环境的适应能力和对挫折的承受能力较低从而引发心理障碍，或因远离家乡、父母，缺乏独立的生活能力而感到无所适从。也有很大一部分学生上了大学后，发现现实与梦想存在一定差异，产生落差感而导致失望情绪出现。再加上当今时代人事制度的改革，使得当代大学生直接面向市场从而承受巨大的就业竞争压力，致使心灵受到剧烈碰撞和冲击。因此，近年来，大学生中有相当一部分学生心理上存在着一系列的不良反应和适应障碍。面对大学生中存在的这些心理问题，首先，辅导员应该切实加强大学生的心理健康工作，重视培养学生良好的心理素质，对其进行心理疏导和引导，创设宽松和谐的寝室文化氛围，在学生中开展多种形式、多种内容的群体活动，使学生在活动中交流沟通思想、加深了解、开阔胸怀，帮助学生转变观念，正确看待心理健康问题。对于单亲家庭、贫困生等特殊人群的心理健康状况，辅导员要特别关注，给予他们更多的心灵慰藉与生活关怀。其次，辅导员要自觉学习心理健康知识，引导学生掌握正确的人际交往技巧，教导学生领会客观的为人处世之道。最后，辅导员应该审慎把握学生心理，不要随便根据书上的症状给学生贴标签。对于有疑惑的学生，要本着对学生负责、对家长和学校负责的精神，必要时还要请教专业人员帮助做辅导，共同做好工作。

三、明确辅导员地位

第一，辅导员是大学生的人生导师。辅导员应该从日常琐碎事务中脱离出来，关注学生成长成才及全面健康发展这一根本问题，真正成为大学生的"人生导师"。

当今社会生活方式多样化，社会组织形式多样化，如何才能做好大学生的人生导师呢？首先，辅导员要坚定政治信念，提升理论修养，增强综合素质，打造实践技能；应该拥有正确的工作动机、奋发向上的热情及面对挫折的勇气，具有健康的心理、健全的人格、开朗的性格；善于自控，意志坚强。其次，辅导员应当通过自身不懈的努力和引导，使学生自觉树立正确的世界观、人生观和价值观，树立正确的理想信念；使学生自觉培育和弘扬民族精神，发扬和传承爱国主义传统；使学生严格自律，明道德、知荣辱，具有良好的公民道德素养；使学生全面发展，挖掘可塑潜质，拓展成长空间，提升能力。

第二，辅导员是大学生健康成长的知心朋友。辅导员在工作中要倡导超限沟通，通过工作方式的调整推进平等交流，切实增强学生思想政治教育工作的亲和力。辅导员的工作方式应由单向灌输向尊重学生主体地位、平等交流转变。辅导员要关心学生的思想变化，关心他们的学习、生活和身心健康；要注重平等性，增强贴近性，提升亲和力；要深入到学生的学习和生活之中，想学生之所想、急学生之所急，注意发挥学生的长处，鼓励并激发学生的进取心和上进心，充分肯定他们的进步和成绩；注重培养学生的自理能力和自强意识，要鼓励学生间"朋辈互助"，激励自我教育与管理，通过"以生为本"，循循善诱，以理服人。

第三，辅导员工作应该与教学辅助、服务工作相分离，要保证充足的时间和精力进行系统的理论和专业学习，主要着眼于在实践中对学生的政治思想认识和道德品质进行教化和影响，做到精确而实效，防止工作浮于表面、流于形式。

辅导员首先要做指导员，其次才是管理员、服务员、咨询员。随着时代的发展和教育改革的继续深化，高校辅导员的工作任重而道远。

第四节　高校辅导员未来发展方向和出路

一、高校辅导员未来发展方向

（一）大学生思想政治工作始终是主线

从政治指导员，过渡到教育系统的思想政治工作者，进而确立和完善辅导员身份，无论哪个时期，中国高校辅导员制度由始至终都围绕着"对大学生进行思想政治教育"这一宗旨，并在这一宗旨的指导下，不断完善，不断创新。当前的国际形势和政治环境尤其警示我们，高校的大学生思想政治教育工作必须常抓不懈，稍有松弛就可能带来严重的政治后果。中国高校辅导员制度服务于思想政治的定位只能加强，不能减弱。

（二）专业化、职业化是趋势

中国高校辅导员的工作因其政治色彩而不同于其他国家的学生事务中心的工作，因此不能完全照搬照抄国外学生事务中心的做法。辅导员的工作也不同于思想政治理论课教师的工作，其覆盖的工作面是学生从课内到课外、从生活到学习、从生理健康到心理发展的所有方面，其更强调实际执行，在跟学生的互动交流和行动中教育和引导学生。这是教师在课堂上所无法完成的。所以中国的高校辅导员制度必须有自己的专业研究，培养一批辅导员专家和教授。辅导员的专业化、职业化是未来的发展趋势。

（三）辅导员制度会继续发展和完善

辅导员的专业化将带来辅导员工作相关理论的提升。用这些理论指导我国高校辅导员制度进一步完善，将会使辅导员制度建设形成良性循环，从而促进中国高校思想政治工作，帮助大学生成长成才，提高高校的制度建设水平。

制度是工作得以实施的前提，教育制度的好坏直接决定着教育的成果和成效。制度建设永远在路上。高校辅导员制度建设也必将是一个曲折的、螺旋上升的过程。随着辅导员制度的不断完善，全体辅导员要在中国特色社会主义的伟大旗帜下，教育和引领当代大学生为实现中华民族的伟大复兴的中国梦而努力奋斗。

二、高校辅导员队伍建设的出路

一直以来，高校辅导员队伍良莠不齐，问题频发。高校应立足当前，放眼未来高校学生工作的开展。高校能否在教育改革的新形势下正确定位，能否履行好培养人才与发展科学技术和建设社会主义精神文明的重要使命，很大程度上取决于学生工作队伍的素质和能力。高校必须正视辅导员队伍建设中存在的问题，结合时代发展需求，从实际情况出发，制定切实可行的制度体系，努力建成一支热爱教育事业、钟情于学生工作的高质、高效的高校辅导员队伍。

（一）着力于提高自身素质，做全面发展的学生工作者

作为高校学生工作的中流砥柱，高校辅导员的个人素质、管理能力和育人经验是影响学生健康成长的直接因素。因此，高校辅导员只有不断提升自身素质，才能为高校学生的成长树立标榜，才能对学生工作游刃有余。优秀的高校辅导员必须要有坚定的政治立场和良好的政治修养。经济的迅速发展过程中伴随着各种价值观的激荡，在文化多元化的大背景下，高校辅导员为了维护学生思想的纯洁性和立场的坚定性，必须有坚定的政治立场，在思想和行动上与我们党保持高度一致，时刻注意自身言论和行为对学生的影响力，作正能量的代表者；应当自觉学习包括马克思列宁主义、毛泽东思想、邓小平理论、"三个代表"重要思想、科学发展观等党的指导思想，并落实到实际行动中去；了解和学习有关高等教育理论和改革理念经验，有重点地开展学生思想政治工作。

在拥有高度政治觉悟的基础上，高校辅导员还应具备处理突发问题的技巧，并拥有工作积极性和对学生的人文关怀。辅导员在新的社会环境中也要具有全方位的知识体系，汲取各领域的知识，以求在扩大知识面的同时更好地进行学生思想政治教育工作。如今，高校面对的是"00后"这一全新的主体，辅导员应该立足于社会实践，去了解和发掘这个新生群体的特质。尽管辅导员的工作细微平凡，但是无论职业高低，只要选择，就应该拿出积极认真的工作态度，放低姿态，尊重和欣赏每一位学生，走进他们的心灵深处。

（二）通过政策保障与人文关怀拓展辅导员队伍建设平台

高校辅导员队伍建设，不仅需要辅导员从自身实际出发，不断提高自身面对纷繁复杂的学生工作时的处理能力，而且也需要高等院校在硬件上和制度上给予辅导员以全力支持。为了更好地进行高校辅导员队伍建设，高校应当在质量和政策扶持两方面给予全方位的保障；同时在对辅导员进行选拔时，应当制定严格的行业准入规则，尽量吸收专业技能与政治素养高的优秀教师加入辅导员队伍。为了给予高校辅导员足够的制度安慰和精神嘉奖，高校应该有一套保障辅导员自身发展提升的机制和相应的物质支持，应当定期或不定期地对辅导员进行职业技能培训，以提高辅导员处理学生思想政治问题的能力和水平。这样也能提升辅导员对自身工作的认同感和积极性。保持学生队伍的纯洁性和价值观的高尚性一直以来都是高校思想政治工作的重中之重。倘若从思想上和物质上双剑出击，对辅导员的工作进行鼓励和支持，将会极大地促进高校辅导员队伍的更新和整体素质的提升。高校在教育方面注重的是教师在其专业领域内发表的文章数量及科研成果，因此，笔者认为，在为高校辅导员队伍谋出路时，也应鼓励辅导员在其专业领域能够有所建树，同时尽量给予

高校辅导员更为广阔和宽松的发展空间。

　　在当前的社会形势下，高校教育正处于转型发展期。如何实现高等教育向全方位教育体系转型，笔者认为其关键点在于高校如何有效地处理学生队伍建设中出现的问题。因此，在新形势下加强辅导员队伍建设，探索高校辅导员的发展出路是具有十分重大的意义的，只有从辅导员自身和高校两方面出发，高校辅导员才能在机制转型中谋求更多的出路。

第二章　高校辅导员工作内容

第一节　党团建设

一、高校思想政治工作的阵地

党的十九大报告指出：全面加强党的领导和党的建设，坚决改变管党治党宽松软状况。推动全党尊崇党章，增强政治意识、大局意识、核心意识、看齐意识，坚决维护党中央权威和集中统一领导，严明党的政治纪律和政治规矩，层层落实管党治党政治责任。坚持照镜子、正衣冠、洗洗澡、治治病的要求，开展党的群众路线教育实践活动和"三严三实"专题教育，推进"两学一做"学习教育常态化制度化，全党理想信念更加坚定、党性更加坚强。

高校的党建工作理应积极贯彻报告精神和要求，认真学习，创新推进。高校是培养祖国未来建设者和接班人的重要阵地，而高校共青团组织是党的助手和后备军，肩负着团结和带领广大青年刻苦学习、积极锻炼、紧密团结在党的周围的艰巨使命。高校党组织的建设带动团组织的工作是高校思想政治工作的重要内容，也是共青团提高战斗力的重要措施。

（一）党团组织是高校学生工作的重要抓手

随着世界经济全球化的推进，西方敌对势力对我国实施的"西化""分化""弱化"的政治图谋仍在进行，各种矛盾错综复杂，外来文化也在不断对我国渗透。这对我国人民，尤其是对青年学生的影响日益加剧。在各种思想、文化相互激荡，先进思想和腐朽思想相互交织的环境下，大学生面临着严峻的思想考验和精神冲击。当代大学生具有独立意识强、思想活跃、个性差异明显、性格变化多样、积极思想和消极意识并存的特点。在外界环境的影响下，部分大学生出现了不同程度的理想信念模糊、价值取向扭曲、诚信意识淡薄、社会责任感缺乏等问题。因此，加强对青年学生的教育引导，帮助青年学生树立正确的世界观、人生观和价值观，树立正确的信仰，培养其爱国情感和艰苦朴素的生活作风尤为重要。《关于进一步加强和改进大学生思想政治教育的意见》中指出，要"发挥党的政治优势和组织优势，做好大学生思想政治教育工作"，要"创新学生党支部活动方式、丰富活动内容，增强凝聚力和战斗力，使其成为开展思想政治教育的坚强堡垒"。高校思想政治教育工作要加强高校党组织对大学生思想政治教育的引导，创新工作机制，完善制度建设，丰富活动内容，充分发挥高校党团组织在大学生思想政治教育工作中的重要作用。

（二）党团组织是高校开展思想政治教育的阵地

高校党组织和共青团组织是高校开展学生思想政治教育的两个重要阵地；学生社团作为高校共青团组织的得力助手，也日益承担起思想政治教育的功能。

党建带团建这个传统而有力的方式仍将成为高校共青团开展思想政治教育的可取之道。高校党组织必须充分发挥其政治核心作用和战斗堡垒作用，这也是提高党的自身凝聚力和战斗力的重要保证。高校共青团组织是团结教育青年的核心力量，是党的得力助手和后备军。高校要加强党组织对共青团的思想政治领导，以党的思想建设促进团组织的思想建设，帮助大学生树立正确的政治方向，加强正确思想理论的引导，充实思想政治教育的内容。高校基层党组织每年可通过给团员青年上党课、邀请形势报告等方式，对团员进行思想政治教育，激发青年学生的爱国热情，增强民族自豪感。

高校要引导学生系统地学习马列主义、毛泽东思想、邓小平理论、"三个代表"重要思想、科学发展观、习近平新时代中国特色社会主义思想的经典著作和重点论述，使学生对我国的社会主义思想理论有深刻的理解，提高理论分析能力和实际鉴别能力。

二、党建带团建的途径

党建带团建是新时期高校基层组织建设的重要途径，是贯彻和实践"三个代表"重要思想和科学发展观的内在要求，是实现国家发展大局的长远之计。高校党组织在抓好基层党建的同时要加强对基层团组织的领导，使党、团建相互促进，共同发展。

（一）培养优秀的团员干部队伍

团员青年不仅要在日常工作、学习和生活中发挥模范带头作用，更要在党需要的时候、在关键时刻挺身而出，发挥先锋模范作用。共青团作为高校党的干部的培养摇篮，要严格选拔和培养优秀团员干部，把思想好、素质高、能力强、作风硬的优秀青年选拔出来，加强培养，积极创造条件使之在实践中不断锻炼和成长；加强对团员青年的教育引导，增强他们的责任感，激励他们发挥模范带头作用的自觉性，从而促进党建带团建工作的顺利进行。

（二）发挥团支部的桥梁作用

高校共青团组织是党领导下的先进青年群众组织，其主要任务是团结、教育和带领广大青年学生紧密地团结在党的周围，刻苦学习，积极锻炼，发奋成才，努力成为社会主义事业的合格建设者和接班人。高校各级党组织要充分发挥共青团的桥梁纽带作用，一方面要按照党的要求加强团员青年的思想建设，提高其思想认识，把党的思想变为青年的自觉行动；另一方面还应代表团员青年反映他们的呼声和要求，要关心学生，了解学生，做好耐心的疏导和教育工作。实践证明，只有依托党建带团建，才能把握基层团组织建设正确的政治方向，为基层团组织建设打下坚实的政治基础，营造良好的基层团组织建设的外部环境，才能使党建带团建的工作达到事半功倍的效果。

（三）处理好党员团员的关系

第一，做好"党支部建在班上"工作。"党支部建在班上"是高校党建的创新工作，不仅有利于党支部成员的交流，还有利于党员与团员之间的沟通。在先进思想的影响下，优秀青年积极主动向党组织靠拢，增强了党组织在群众中的影响力；同时，也增强了党员自觉维护党组织权威，树立党员责任意识，提高工作能力，使党团组织的凝聚力得到进一步提高。

第二，把发挥党员模范作用与对团员青年的培养教育结合起来。学生党员是高校学生中的一个先进群体，他们的一言一行、一举一动都深刻影响着周围学生，在学生中起着潜移默化的作用。因此，要把发挥党员模范作用与对团员青年的培养教育结合起来，划分"党员责任区"、实施党员一对一帮扶计划、加强党员形象工程建设等，严格考核，充分发挥党员在学习上的带头作用、纪律上的表率作用、活动中的骨干作用和领导作用，使优秀青年的培养队伍不断壮大。

第三，把优秀团员的选拔与党的发展工作结合起来。培养和造就千百万社会主义事业的接班人，这是党的青年工作的根本任务。因此，要把优秀团员的选拔与党员的发展工作结合起来，这也是团员"推优"工作的出发点。优秀学生的选拔要从新生一入校就开始，做到早教育、早引导、早选苗、早培养。

第四，把党支部建设与团支部建设结合起来。加强党支部和团支部的组织建设，要制定明确的管理条例和工作考核条例，强化党员管理，增强党员组织观念，提高支部战斗力。团组织生活要规范化，争取做到时间明确、内容丰富、记录详细、效果突出。把党支部建设与团支部的建设紧密结合在一起，既能保证党团支部工作的制度化、规范化，又能充分发挥党支部对团支部的引领作用。

第二节　咨询服务

一、学习咨询

大学不同于高中时代，对刚迈入大学校门的学生来说，大学是一个全新的环境，无论是教学方法还是学习方法，无论是个人目标还是社会期望，都发生了很大的变化。这些变化，往往会给部分新生带来诸多不适应，由此产生孤独、自卑、失落等心理现象，进而影响学业。这是大学新生适应困难的重要原因。因此，教育和引导大学生顺利完成由高中生到大学生的过渡，尽快适应大学新环境，为其提供有效的咨询服务，帮助学生合理规划大学生活和学习，使其树立明确的职业发展目标，是高校辅导员面临的一项艰巨任务。

（一）大学学习的特点

所谓新生适应性教育，是学校根据新生特点、大学和社会的变化、角色认知和责任方面，对新生所进行的教育和引导，使学校提供的主动咨询和服务与学生的内在自我需求紧密结合，从而使新生尽快适应大学的生活和学习。大学的学习适应是新生会遇到的普遍问题。与中学相比，大学学习的特点体现在以下几个方面。

1. 由"管"到"放"的管理模式的变化

高中阶段，班主任对班级的管理主要体现在"管"上，学生被动地接受知识，学什么、何时学、如何学都等着老师来安排，没有"自主"可言。大学的管理是一种开放式的管理，要求学生有一定的自我管理、自我约束意识，要学会主动学习和自觉自习，学会有问题主动寻求解答。

2. 由"填鸭式"到"启发式"的教学模式的变化

大学多实行学分制和选课制，班级的概念相对模糊，往往不同年级、不同班级的学生因选择的课程相同，而在同一个教室上课。教师的教学方式也由高中阶段的"填鸭式"教学转变为以启发式为主。课堂上，任课教师更注重引导学生主动思考和提问，有意识地培养学生的思考能力。教师在课堂上讲授的时间短，传授的信息量大，很多内容需要学生课前做好阅读和预习、课后做好巩固和复习。因此，大学生要有自觉学习的习惯和自我管理的能力。

3. 由"应试学习"到"提升能力"的学习目标的变化

大学的课程安排和教学方式都不同于高中阶段的"应试教育"模式，高中教师往往"照本宣科"，学生时常死记硬背书本知识。大学教师在课堂上多强调学生的主动思考，引导学生主动发现问题和提出问题，其教学内容往往自成体系，授课内容中融入个人观点或真实案例。学生不需要死背教材，更多着眼于提升能力。

（二）良好学习习惯的养成

大学的学习强调主动和自觉，要求大学生在学习过程中能够自觉安排学习时间、制订学习计划、选择学习内容、寻找适合自己的学习方法，发挥学习的自觉性和主动性。所以，在学生学习的过程中，辅导员也承担着学习指导的重要任务。

1. 尽快适应大学的特点

大学是个全新的环境，相比较中学阶段，大学新生容易出现学习松懈情况，而且大学新生往往生活自理能力差，导致他们不适应大学环境、管理方式、教学模式等。因此，大学新生应尽快熟悉和了解新环境、新变化，学会主动调整和适应变化，树立克服新挑战的决心和信心。

2. 树立明确的奋斗目标

树立明确的奋斗目标是走向成功的关键。高中阶段以考取理想大学为目标，进入大学后，很多学生失去了奋斗目标，失去了前进的动力，没有了理想，不知道为何而学。大学阶段是大学生世界观、人生观、价值观形成的重要时期，高校辅导员要让学生认识到理想和目标对其自身成长的意义，只有树立明确的学习目标，才能在大学里有所作为，才能为自己将来走向社会稳定立足；同时，要引导学生运用马克思主义的立场、观点和方法去分析形势，认清自己身上肩负的家庭责任和社会责任，增强学习各门科学文化知识的信心，加强思想道德品质修养；激励学生结合自身实际，提高思想认识，找准自己的立足点，脚踏实地，从一点一滴做起，真正发挥自己的聪明才智，努力学习，积极进取，为国家、民族的复兴贡献力量。

3. 掌握有效的学习方法

科学有效的学习方法是实现学习目的、提高学习成绩的有效手段。辅导员在学生的学习指导中要注意对学生学习方法的引导，让学生学会科学合理地安排学习时间，把握学习重点，提高学习效率，不断提高学习成绩。大部分学生有时会抱怨时间不够用，抱怨功课做不完，这说明学生缺乏管理时间的能力。达尔文说："我从来不认为半小时是微不足道的一段时间。"可见，大段时间固然应该珍惜，零散时间也不能浪费。管理好课堂时间，提高听课效率；管理好课余时间，提高平时学习的效率，是帮助大学生提高学习效率的"法宝"。

4. 提高学习能力，培养学科研究的兴趣

辅导员要引导学生知晓大学学习的特点，早日适应大学学习方式和管理模式的变化，

主动培养他们的自学意识和学习能力。辅导员首先要帮助学生正确认识自身能力、职业倾向和性格特点，主动了解国际国内形势、就业状况，从而激发学生的学习动力。培养兴趣最好的方法就是开阔学生的视野，扩大学生接触的领域，从中寻找自己的兴趣点。其次，辅导员也要善于观察学生，因材施教，对不同的学生采取不同的方法，激发学生的学习主动性和积极性；鼓励学生培养学科兴趣，多思考、多阅读、多动笔，以专业的知识解决实际问题，培养学生学习的兴趣。

二、生活咨询

（一）熟悉大学生活环境

由于当下大学新生中绝大多数都是独生子女，又是第一次离开父母独立生活，因此，辅导员需要引导他们学会如何安排自己的日常生活，养成注意个人卫生的习惯；引导他们主动熟悉和适应大学生活环境，帮助他们在生活方式上实现从"单纯依赖"向"成熟独立"转变。

1. 主动适应角色变化

大学生来自祖国各地，可谓人才济济，高手如云。或许，有些大学生在高中时代曾是班级的佼佼者，但到了大学，一切皆需从头开始。大一是大学奋斗的起点，无论你过去如何辉煌和精彩，都已成为过去。在大学的起跑线上，如何让自己在大学赛场上保持领先，是每个学生应该考虑的现实问题。

2. 主动适应生活变化

大多数学生在中学时代多依赖父母的照顾，生活自理能力相对较低，每天只要集中精力搞好学习，根本不必考虑饮食起居等生活琐事。长此以往，学生的生活自理能力、自我控制能力和自我服务等能力都相当欠缺。进入大学，凡事都需要自己处理，这对于未曾独立生活的学生来说自然会出现诸多不适应。而这些生活中的不适应恰恰是锻炼大学生独立性的开始，是将来独立生存于激烈竞争的社会环境中所必须锤炼的能力之一。

3. 主动适应同伴变化

大学生来自五湖四海，大家有着不同的生活习惯、风俗习惯、学习习惯和语言习惯，而这些具有各自不同特点的学生共同构成了大学生活的新集体，如果没有彼此的包容和谦和，不可避免地会产生摩擦、冲突，导致同学之间关系紧张。

（二）建立良好的人际关系

对大学生来说，认识自己是在与他人的交往中，以及他人对自我的评价和态度中逐步实现的。这种自我认知的途径可以帮助大学生认识到什么是该做的，什么是不该做的，怎样做才是行为得体；相反，如果缺乏自知之明，就会在日常人际交往中遇到挫折。现实生活中有很多这样的事例，有些名牌大学的毕业生，在工作中表现平平；而有些非重点高校的毕业生，甚至没有读过大学的人，却可以成就非凡，这在很大程度上与他的人际交往能力有关。我国著名的心理卫生学家丁瓒先生说："人类的心理适应，最主要的就是对人际关系的适应。"可见，人际关系对我们每一个人都具有极其重要的意义。因此，高校辅导员必须加强对学生人际交往能力的指导，引导学生正确处理与室友、同学以及老师之间的关系，帮助其树立正确的人际交往态度，掌握交往的艺术。

1. 适应新的人际交往环境

对于大学新生来说，进入大学是新生活的开始。这种新生活的变化不同于高中时代，高中阶段的他们仅限于在集体中学习，其余时间都是跟随在父母身边生活，人际交往环境十分简单和单纯。在大学，集体生活是大学生活的重要内容，学生宿舍成了大学生真正意义的"家"，这里的室友和伙伴来自祖国的四面八方，有着不同的个性、不同的生活方式和不同的行为习惯，相互之间不可避免地会产生摩擦。如果大学新生对此变化毫不关心，也没有任何思想准备，仍然以自我为中心，以个人的标准来要求他人，就很难在新环境中建立和谐的人际关系，从而给自己的学习生活和身心健康带来很大影响。

2. 掌握社交技巧

一个人要想成功，不仅要具备扎实的专业知识素养，还要具备良好的人际交往能力和处世技巧。通过人际交往获得友谊，是大学生建立良好人际关系、适应新生活的迫切需要。随着年龄的增长和生活环境的变化，大学生的自我意识有了新的发展，他们十分渴望获得真正的友谊。大学期间，能否与他人建立良好的人际关系，对学生的成长和学习有着十分重要的影响。但是，由于大多数学生缺乏人际关系的处理技巧，不注意与他人沟通交流的方式，时常又会面临人际交往矛盾的困惑。很多大学生因为不善于表达自己的情感，也不善于了解他人的思想，结果导致人际交往范围狭窄。这样长此以往，会影响其心理健康发展。因此，人际交往障碍是大学生在处理人际关系中遇到的最大困惑之一。大学生需要掌握一定的交往技巧，积累交往经验，培养为人处世的能力和团队协作精神，学会尊重他人。

（三）大学社团的作用

大学生社团是大学中最活跃、最有朝气的组织之一，由学生依据兴趣爱好自愿组成，并按照各自社团章程自主开展活动。学生社团活动是加强校园文化建设、实施素质教育的有效方式，也是辅导员对学生进行思想政治教育的重要载体之一。随着高校教育体制改革的不断深入，随着大学生素质拓展计划的全面实施，高校学生社团活动逐步成为第一课堂的有益补充和延伸。

1. 发挥学生社团优势，培养大学生综合素质

《中共中央国务院关于深化教育改革全面推进素质教育的决定》中提出："全党、全社会必须从我国社会主义事业兴旺发达和中华民族伟大复兴的大局出发，以邓小平理论为

指导，全面贯彻落实党的十五大精神，深化教育改革，全面推进素质教育，构建一个充满生机的有中国特色社会主义教育体系，为实施科技兴国战略奠定坚实的人才和知识基础。""全面推进素质教育，要坚持面向全体学生，为学生的全面发展创造相应的条件，依法保障适龄儿童和青少年学习的基本权利，尊重学生身心发展特点和教育规律，使学生生动活泼、积极主动地得到发展。"学生社团是实施素质拓展的有力抓手和有效载体，社团的内容包括文化娱乐、志愿者服务、社会实践、运动比赛、理论学习、名师讲座、热点辩论等。一方面可以丰富学生的校园生活；另一方面，学生可以在形式新颖、氛围轻松的活动形式中获取知识，培养能力。

2. 社团活动与专业内容结合，培养科学研究的兴趣

高校可以聘请专业教师担任学生社团的指导教师，对社团的指导可以结合大学生的学习、研究水平和学术背景，从而对学生的专业学习起到较好的推动作用。有些社团还可以承担起校园科技建设的重任，营造"讲科学、爱科学、学科学、用科学"的良好校园氛围，比如，积极组织参与全国大学生科技创新大赛活动，以激发学生科学研究的兴趣和热情。

3. 社团建设与党团建设形成合力，促进学生成才

大学社团和高校党团组织一样，其主体都是在校大学生，所不同的是，大学社团是通过兴趣、爱好组织学生活动，以达到提高学生的实践能力、人际交往能力和自我管理能力的目的。在社团中可以建立团支部和党支部，发挥优秀团员青年的引领作用，发挥党员学生的模范带头作用，"以团建促党建，以党建带团建"，使高校党组织建设、共青团工作与学生社团管理形成合力，相互促进，共同实现对学生的培养任务。

三、职业生涯辅导

职业生涯规划是指个人在对自身职业生涯的主客观条件进行测定、分析、总结的基础上，即对自己的兴趣、爱好、能力、特点进行综合分析与权衡，并结合外在环境的特点，评估自己的职业倾向，确定其最佳的职业奋斗目标，并为实现这一目标做出行之有效的安排。生涯规划也可以理解为是对自己人生的事业规划，是一个选择和实践的过程。大学生从入校开始就应该有意识地对自己未来的发展方向进行思考，制定好适合自己的职业规划，然后朝着规划好的职业发展方向努力。职业生涯教育是激发大学生学习和成才积极性与主动性的重要方式。可以说，辅导员对学生职业生涯的辅导，应该贯穿于大学教育的始终。

受应试教育影响，学生将考上理想的大学作为高中时期学习的唯一目标。进入大学后，很多学生潜意识里觉得应该放松一下自己，因没有及时寻找到新的目标而感到空虚迷茫。因此，帮助学生树立明确的人生目标和未来职业发展方向很重要，这也是高校理应承担的责任和义务。

第一，一个人如果没有积极的人生追求时，便不会有积极的行动。在学生进入大学后，辅导员要引导学生主动学会思考：毕业了我能否顺利就业？能否找到适合自己发展的

岗位？如何在大学里提高自己的就业意识和就业技能？这样，学生才能够把就业压力转化为整个大学阶段主动学习的动力，才会自觉地利用学校所提供的优质教育资源，逐步提高自己在未来职业生涯发展中的核心竞争力。

第二，高校辅导员拥有角色优势，有义务帮助学生做好规划。尽管辅导员一般比较年轻，生活阅历和知识背景等方面和大学生相差不大，但是由于工作性质原因，辅导员经常深入学生、了解学生，知晓学生的困难，更容易与学生建立朋友式的师生关系。这种身份便于与学生沟通，走进学生内心深处，更容易赢得学生的信任，方便帮助学生进行职业规划、求职和择业的指导，帮助学生客观分析和定位，克服求职过程中出现的情绪波动和心理障碍。

第三，对大学生人生规划和职业发展目标的教育和引导，应该贯穿于整个大学四年的学习生活。比如，在大学伊始就引导学生做好人生规划，发现自己的兴趣点；帮助和引导学生把自己的兴趣、特长和爱好与社会用人要求和行业发展结合起来，进行有针对性的职业生涯规划；帮助学生树立正确的人生观、价值观，合理准确定位，知晓自己的优势，避开自己的劣势，端正择业观念等。也就是说，大学学习的各个阶段都要配合当下阶段的中心任务，适时对学生进行正确的教育和指导，以实现全程、全方位的培养，提高学生的就业竞争力。

第四，引导学生实现自主管理。学生的自主管理是学生自觉接受正确思想的引导，抵制和克服消极思想的侵蚀，按照社会需求使自己具有良好品质的行为。大学生是一支特殊的群体，他们思想活跃，有知识、有理想、敢批判，所以，对他们的管理更要讲方法、用策略。任何管理都有其自身的规律，高校辅导员要掌握学生自我教育管理的规律，调动学生的自主意识，使学生明确自己肩负的社会责任，自觉为自己的理想和目标不懈努力。

第三节　经济困难学生的教育问题

关注家庭经济困难的学生是高校学生思想政治教育的重要组成部分，也是社会共同关注的问题。经济困难学生个体类型的多样性，导致困难原因的复杂性、自身问题的差异性，由此而产生的心理和精神问题日益突出。简单的经济帮困已经不能适应日益变化的经济困难学生的需要，这给高校经济困难学生的教育工作带来巨大的压力和挑战。因此，高校经济困难学生的教育工作已经成为高校学生工作中的一项重要内容，关注并解决好经济困难学生问题，使之成为社会的有用人才，不仅能体现高等教育的机会平等，也关系到学校的稳定及和谐校园建设。

一、励志教育

经济困难学生面临家庭环境、学校环境和社会环境的压力，出现心理问题的概率要高于其他学生。因此，经济困难学生的问题并非简单的经济困难，因经济困难而产生的思想和心理问题也尤为突出，在毕业阶段，这些问题甚至成为他们求职的瓶颈。因此，引导经济困难学生正确认识经济困难，树立克服困难的决心和勇气，培养克服困难的意志品质更有助于帮助这些学生由"他助"实现"自助"，进而达到"助他"，最终使其成为社会的有用人才。

（一）正确认识贫困的现状

大学是人生中的重要阶段，这个阶段的经济困难学生，心智还未成熟，生活阅历有限，在面对各种矛盾、压力或诱惑时，缺乏自我调整和明辨是非的能力，很容易意志消沉。所以，高校的帮困工作一定要把准脉，找到矛盾的源头，帮助学生树立正确的世界观、人生观和价值观，提高自我认知能力，要让他们正确认识"贫困"不是过错，更不是耻辱，它只是一种暂时现象，更是人生宝贵的经历；要鼓励他们有面对困难的决心和勇气，通过一些正面的励志典型激励他们学会充分利用现有条件来改变自己的命运，懂得人生的价值在于不断创造和奉献，要以积极、乐观的态度去面对现实，做到人穷志不短，不低头、不退缩、不自卑、不气馁，培养他们自强不息的意志品质，提高他们的心理承受能力和积极面对经济困难的良好心态；同时，在帮困工作中注意培养和选拔优秀学生代表，抓典型，树榜样，营造"逆境成才更光荣"的氛围。

多数经济困难学生来自祖国落后地区，具有性格内向、自尊心强、敏感等特点。"十年寒窗苦读"，考进理想大学，这是一个家族的骄傲。当走进繁华的大都市时，他们仅有的骄傲遭遇经济困难的无情冲撞后，自尊心受到严重打击。他们渴望交流，但经济的拮据引发的自卑，让他们选择了自我封闭。因此，解开经济困难学生的心结，帮助他们正确认识和理解经济困难，勇敢面对暂时的经济困难给自己带来的诸多问题，努力发扬自强不息的励志精神，帮助他们树立正确的人生观、价值观，对他们进行有效的心理引导，是开展对经济困难学生教育工作的重要内容。

（二）培养克服困难的意志

中国有句古话："授人以鱼不如授人以渔。"对经济困难学生的帮助，最根本的还是应该加强其自身能力的锻炼和培养。高校的经济困难学生大多来自边远的中西部地区，有限的教育资源使得他们在计算机和英语的应用能力方面明显不足，动手能力和解决实际问题的能力相对薄弱。面对大城市的繁华，他们原本敏感的内心受到很大的冲击。他们迫切想要改变自己困难的状况，但因个人能力和条件的限制，即使辛苦打工也无法改变经济困难的现实。在市场经济浪潮的冲击下，部分学生的价值取向和价值追求出现偏差，缺乏"自救"意识，不愿吃苦或者对学习敷衍了事，缺乏应有的责任感，眼睛盯着国家政策，"等、靠、拿"的不作为思想严重，指望学校减免学费，等着拿国家社会的各种资助，缺乏自强不息的奋斗精神。

经济困难学生的家庭各有各的不幸，他们大多早熟、好强，凭借自己的实力一度实现了整个家庭的大学梦想。跟其他同龄人相比，他们更为自尊、渴望成功、不甘落后，希望经济上能够自食其力。但是，他们多数不愿公开承认经济困难的事实，敏感多疑，性格内向，不愿参加学校组织的勤工助学活动，在接受学校和社会慈善捐助时，心里尤为尴尬。一方面，他们渴望得到帮助，以便减轻家庭的负担，更好地完成学业；另一方面，由于强烈的自尊心，他们又不希望自己的困难暴露于众，表现出极度的自卑心理。经济困难学生的生活极其简朴，在校园内"攀比风"的影响下，个别学生时刻觉得处处低人一等，产生强烈的自卑心理。这种自卑感导致他们轻视自我，从而丧失挑战困难的勇气和信心。

勤工助学是对经济困难学生进行励志教育的有效载体，高校在帮困工作中应该很好地利用勤工助学岗位，帮助困难学生认识到劳动光荣，经济贫困并不可怕，可怕的是不愿劳动和缺乏艰苦奋斗的意志品质。因此，高校帮困工作要将精神帮困、心理帮困与经济帮困相结合，以勤工助学为载体，加强对经济困难学生的励志与感恩意识的教育，才能真正使经济困难学生"脱贫致富"。

二、感恩教育

（一）高校帮困体系介绍

大学里经济困难学生的存在是我国高等教育发展进程中不可避免的现象。1978年以前，我国高等教育经费的98%来自国家财政拨款，学生上大学读书不仅免交学费，而且还享受"人民助学金"，经济困难学生问题不是那么突出。1985年，国务院颁布《中共中央关于教育体制改革的决定》后，在一些大学开始试行收费制度，到1997年全面实行收费制度后，经济困难学生问题迅速凸显出来。

《国务院关于建立健全普通本科高校、高等职业学校和中等职业学校家庭经济困难学生资助政策体系的意见》（国发〔2007〕113号）及其配套办法颁布实施后，国家在高等教育阶段建立国家奖学金、国家励志奖学金、国家助学金、师范生免费教育、国家助学贷款、勤工助学、学费减免等多种形式的高校家庭经济困难学生资助政策体系，标志着收费与奖、贷、助、补、免等多种资助形式有机结合的助学政策新体系基本形成。家庭经济困难学生考上大学，首先可以通过"绿色通道"按时报到。入校后，学校对其家庭经济情况进行核实，再分别采取不同办法予以资助，其中，解决生活费问题，以国家助学金为主，以勤工助学等为辅；解决学费、住宿费问题，以国家助学贷款为主，以国家励志奖学金等为辅。此外，国家还积极鼓励和引导社会团体、企业和个人面向高校设立奖学金、助学金，共同帮助家庭经济困难学生顺利入学并完成学业。

（二）对经济困难学生的感恩教育

2004年8月，中共中央、国务院在《关于进一步加强和改进大学生思想政治教育的意见》中强调，要把做好大学生的思想政治教育与帮助他们解决实际困难紧密结合起来，努力解决大学生的实际问题，明确"要加强对经济困难大学生的资助工作，以政府投入为主，多方筹措资金，不断完善资助政策和措施，形成以国家助学贷款为主体，包括助学奖学金、勤工助学基金、特殊困难补助和学费减免在内的助学体系，帮助经济困难大学生完成学业"。但是，社会和学校的资源是有限的，对家庭经济困难学生进行帮困，有时不能解决所有问题，更重要的是要注重对这些学生的理想信念、心理素质和生活技能等方面的培养，在服务中引导学生，全面提高经济困难学生群体的自身素质，培养其感恩与回报社会的意识。

1. 自立自强教育

大学生已是成人，应该对自己的人生负责，对家庭和社会承担起相应的责任。经济困难学生是一个特殊的群体，要加强对他们勤俭节约、吃苦耐劳的生活作风的教育，帮助困难学生正确认识劳动的价值和意义，发扬艰苦奋斗的优良作风；要加强对困难学生自立自强的教育，使他们懂得机会是靠自己争取的，只有通过自己自强不息的努力，才能很好地把握自己的命运，实现自我价值，成为对国家和社会有用的人才。

2. 诚信教育

目前，大学生群体中存在着信用危机，一些大学生缺乏诚信，在校签订了国家助学贷款合同，同时接受国家和学校的资助，但是，他们并没有发奋读书、积累知识、提高生存本领，而是在生活上高消费、追时尚，一味与他人攀比奢侈，甚至少数人毕业后故意不承担还贷的义务。因此，大学辅导员要大力加强经济困难学生的诚信教育，提高经济困难学生的思想道德素质，帮助他们认识到国家培养人才的不易。他们只有发奋读书，自食其力，自我发展，将来才能回报社会、回报父母。

3. 感恩教育

对高校经济困难学生经济资助一直备受国家重视，高校不仅要做好对经济困难学生的物质帮助，还要做好对他们的感恩教育的引导。在日常的资助工作中，辅导员要将对学生的感恩教育融入每一次义工活动和社会公益活动中去，让奉献与责任、感恩与回报在学生的主动参与中自然形成，扎根于心。

三、经济困难学生的能力建设

（一）能力建设的意义

经济困难学生的问题是家庭贫困在学校的延伸和反映，努力解决好每一位困难学生的问题也是思想政治教育工作的重要内容之一。

我国经济发展不平衡，地区差异明显。家庭经济困难学生由于受家庭经济条件的制约，在动手能力、语言表达能力、组织能力、社交能力、实践创新能力等方面整体上明显弱于家庭条件较好的大学生。随着高校招生规模的扩大，毕业人数逐年增加，在日益严峻的就业形势下，用人单位越来越重视学生的综合素质和实践能力。经济困难学生由于客观条件的限制和自身综合素质的欠缺，在就业过程中取得成功的机会相对较少，成为就业大军中的"弱势群体"。

其实，每个经济困难学生身上都蕴藏着巨大的潜能，因此，高校要尽可能地为他们创造机会，鼓励和帮助他们多参加社团活动，在活动中培养参与意识、语言表达能力、人际交往能力、组织管理能力。

第一，在实践中磨炼他们的意志力，增强其心理承受能力。比如，在帮困工作中，高校可以成立困难学生自我管理中心，一方面为困难学生提供参与工作的平台；另一方面使他们有机会参与管理，由被动的受资助者变成主动的管理者和组织者，充分发挥他们的主观能动性。

第二，团队训练也是帮助经济困难学生成长的一个有效途径。通过团队活动，经济困难学生之间有了更多的交流和了解，在团队活动中释放自己的情绪，给他人带来快乐，学会接受自己，提高自我认知能力。

第三，要依靠社会资源，多为经济困难学生提供各类勤工助学、社会实践和专业实习的机会，培养他们的动手能力和解决实际问题的能力。

由此可见，提高经济困难学生的自身素质，增强其克服困难的勇气，帮助其掌握生存的技能和本领，围绕经济困难学生的素质教育和能力建设开展帮困育人工作，是帮助经济困难学生成长和成才的落脚点，具有重要的现实意义。

（二）能力建设的途径

每一个经济困难学生的背后都有其特殊性，其综合素质的提高、能力的培养、意志力的锻炼，不是一蹴而就的，需要有一个科学的、系统的、全程化的培养目标来指导实际工作，才能最终实现其综合素质的提高。

1. 重视人际交往，培养良好的性情

大多数经济困难学生会因为家庭经济条件而感到自卑、痛苦，对自己缺乏信心，常常自惭形秽，郁郁寡欢。他们常常因害怕被别人看不起而选择自我封闭，不与同学交流，不参加集体活动，常常独来独往，游离于集体之外，很容易被边缘化。久而久之，他们形成了孤僻的性格，缺少知心朋友，人际交往匮乏，而这更加剧了他们内向、封闭、孤僻心理的形成。因此，高校辅导员在对经济困难学生提供经济帮助的同时，还要引导他们敞开心扉，广交朋友，重视友谊，学会倾听与倾诉，学会释放与释怀，帮助困难学生建立和谐融洽的同学关系，在良好的人际交往和班级氛围中，培养良好的性情和积极乐观的生活态度。

2. 以活动为载体，锻炼工作能力和合作意识

大多数经济困难学生在语言表达、沟通能力、协调能力和组织能力方面存在不足，这在一定程度上严重影响了他们的自信和发展。因此，对经济困难学生的帮助，要将能力的培养放在首位。

勤工助学是丰富经济困难学生工作实践的平台，通过岗位的锻炼，不仅可以提高他们与人沟通的能力，增强责任感，还能锻炼个人胆量，克服羞怯心理。此外，慈善义工活动和各类社会实践活动也是提高经济困难学生能力的重要途径。通过这些活动平台，一方面，可以使这些学生磨炼意志品质，开阔视野；另一方面，可以使他们在工作中得到锻炼，不断成长进步。

3. 加强心理健康教育，重视人文关怀

党的十八大报告中提出："加强和改进思想政治工作，注重人文关怀和心理疏导，培育自尊自信、理性平和、积极向上的社会心态。"报告为高校思想政治教育提出了要求，指明了方向。高校的帮困工作，更要切实解决经济困难学生的实际问题，关心他们的成长需求，及时"对症下药"；为他们提供个性化心理辅导，通过开设心理健康教育讲座，让他们对自身存在的心理问题有一种自省意识，树立自信心，对经济困难形成正确认识和健康心态；以能力培养为目标，提高学生就业竞争力；以评先树优为手段，激励他们向优秀看齐。

4. 确立全程化的培养目标，强化经济困难学生的就业指导

经济困难学生在就业问题上更容易出现问题：一部分学生由于成绩不理想、能力弱、不善交际，在求职过程中容易焦虑退缩，表现消极；另一部分学生受传统择业观念的影响，就业期望值过高，自我评价和估计过高，造成就业困难。因此，加强对经济困难学生的就业指导工作具有重要的现实意义。

第一，引导经济困难学生树立正确的就业观。随着高等教育的普及，市场竞争日益激烈。高校辅导员在工作中要注意引导学生处理好就业和择业的关系，一方面，要客观公正地评价自己的能力和实力，在就业选择中准确定位，发挥自己的优势；另一方面，要正确看待就业中的困难和挑战，做好克服困难的心理准备。

第二，积极做好经济困难学生的就业规划。对大一学生开设"职业生涯规划"课程，并针对经济困难学生的特殊情况给予具体指导；大二、大三阶段，积极开展活动，在活动中培养能力，了解专业发展形势及社会需求情况，合理规划自己的职业目标；对大四学生开设就业政策及面试技巧等就业指导课程，做好择业前的心理辅导工作。总之，要根据经济困难学生的实际情况和个性差异，提供分层、分类的就业指导。

第三，积极联系市场，做好经济困难学生的就业推荐。经济困难学生的就业指导是一项系统工程，应该贯穿于整个帮困工作中，坚持走全程化的培养模式，使经济困难学生在

未来的就业中具有一定的竞争实力。辅导员要及时掌握市场信息，做好信息发布，要对经济困难学生的情况了如指掌，有针对性地根据企业的岗位需求，做好这部分学生的就业推荐工作。

第四节　大学生心理健康教育

一、大学生心理健康存在的问题

当今时代，心理问题已成为普遍现象，只是程度不同而已。大学生心理健康问题主要是指各种适应问题、情绪问题、人际关系问题等。目前，大学生普遍存在的心理问题主要表现在以下几个方面。

（一）学业问题

进入大学，尤其是大学一年级新生，大部分会感到学习压力大、学习负担重。大一新生学习动力不足的原因主要表现在两个方面：一方面是因为对所学专业不甚了解，感到迷茫，再加上进入大学后心态过于放松，无法再投入学习。另一方面是因为对专业不感兴趣，由于某课程学习困难而缺乏战胜困难的勇气和信心，进而产生厌学心理。

由于没有明确的奋斗目标，这些大学生很容易出现困惑和无所事事的状态，上课听不进去，下课又后悔没有好好听讲，一到考试就会紧张多梦、焦虑难眠，精神备受折磨。学习压力大、学习目的不明确、学习成绩不理想、学习动力不足等都是大一新生常见的学业不适应问题，这些问题时常困扰着大学生的学习生活。

（二）人际关系问题

大学生由于缺乏社交经验，做事常以自我为中心。有些学生内心有与人交往的意愿，但是在为人处世、待人接物方面缺乏与人交往的经验；有些学生则没有主动与人交往的意愿，经常单独行动，在表达个人意见时不会顾及他人感受；还有部分学生感觉与人交往是件很困难的事情，时常因为找不到真正的朋友而备感失落。大学生普遍希望得到别人的认可，但又欠缺适当表达自我的方式。人际交往困难成为大学生的普遍困惑，如果没有及时调整，将直接影响大学生的心理，并导致其他问题的产生。

（三）情绪问题

良好的情绪可以使人精力旺盛，对生活充满希望，对自己充满信心，对知识充满渴求，对他人充满友好。相反，消极的情绪会使人的免疫能力下降，容易受到疾病的侵扰。当消极情绪高于积极情绪时，就会给人的生活带来困扰，导致心理问题的产生。因此，高校辅导员应该及时关注大学生情绪健康问题。大学生常见的消极情绪主要有以下几个：

1. 抑郁

抑郁主要表现为个体长时间处于情绪低落状态，心情压抑、沮丧、无精打采，常伴有身体不适、睡眠不足等症状；表现在学习生活中，常常是逃避活动、信心不足、迷茫、苦闷、学习兴趣减退、悲观、失望。因此，抑郁常常与苦闷、不满、烦恼、困惑等情绪交织在一起。长期处于抑郁情绪会给大学生的学习、工作和生活带来极大的不良影响。

2. 焦虑

大学生的焦虑情绪具有一定的代表性，往往没有明确的客观对象和具体内容，主要表现为考试焦虑和自我焦虑，时常莫名地担心考试失败，一到考试就精神紧张，难以入睡，不能自我调节；很在意自己在他人尤其是异性朋友眼中的个人形象，会因为长相、体型、能力等各种因素的影响而产生焦虑，甚至感到自卑。焦虑是大学生常见的一种情绪状态，适度的焦虑可以使大学生处于紧张状态，有利于集中注意力，但过度焦虑则会给学生带来不良的影响。

3. 愤怒

愤怒是由于客观事物与人的主观愿望相违背，或愿望无法实现时，人们内心产生的一种激烈的情绪反应。愤怒对人的身心有极为不利的影响，会使人的自制力减弱或丧失，不能正确评价自己行为的意义和后果，做出不理智的行为。

4. 嫉妒

过度要强就会产生嫉妒的行为，因此，嫉妒是自尊心的一种异常表现，在大学生中普遍存在。嫉妒心太强会影响大学生自我发展，使其结交不到知心朋友，并陷入不良的人际关系中。

（四）性心理问题

处于青春期晚期的大学生容易对异性产生好感，希望在异性心里树立良好的形象，希望得到对方的认可。由于性教育的开展不够完善，而学生在生理上已趋于成熟，就出现了许多与性有关的心理矛盾出现。恋爱对青春期的大学生来说是生理和心理发展的必然结果，恰当地处理好两者的关系对于处理好恋爱和学习、自我与他人、个人与集体的关系具有重要影响。

（五）适应问题

大学是人生的重要转折点，对大学生活适应与否是大学生活的重要内容。面对新的环境，大一新生常常会感到困惑。比如，进入大学缺乏奋斗目标而产生的空虚感、离开父母亲人没有觅到知心朋友的孤独感、曾经的优势荡然无存的失落感、对自己缺乏信心的否定感等，这些都是大一新生必然会遇到的问题。

二、形成健康心理的重要意义

（一）能够帮助大学生健康成长

大学生中有不少人认为自己曾经是高考的佼佼者，心理上有很强的优越感。但是，在面对环境的变化、生活节奏的紧张、未来社会竞争的激烈等因素的影响时，大学生并未做好相应的心理准备，因而会在大学期间出现这样或那样的问题。成才是大学生活的主旋律，而心理健康是大学生成长和发展的一个重要指标，它关系到大学生能否成才。心理状况不同的大学生在面对学习或生活中的困难或挫折时，会有迥异的认知活动、情绪反应和意志行动。因此，努力创造一个有利于大学生身心健康成长的良好环境是高校教育工作者义不容辞的责任。

（二）能够帮助大学生尽快适应社会

在经济快速发展的今天，社会纷繁复杂，竞争激烈，人们面临的心理困扰增多，心理压力加大，心理问题也频繁发生。这些现象和问题同样出现在大学生身上。马克思曾经说过："作为确定的人、现实的人，你就有规定，就有使命，就有任务。至于你是否意识到这一点，那都是无所谓的，这个任务是由于你的需要及其与现实世界的联系而产生的。"人生犹如长途旅行，在旅途中，既有一马平川，风光无限；也有崎岖不平，电闪雷鸣。当生命的旅途一帆风顺时，辅导员应该引导学生学会珍惜，积极进取，享受生活的快乐和自我实现的成就；当生命的旅途崎岖不平时，应该鼓励学生坚定意志，学会乐观面对。高校辅导员要帮助大学生尽快适应新环境，更好地融入新的团队中去；要让他们通过学习和实践，学会坚强，学会感恩，学会担当；要让他们认识到父母养育的辛苦，学会承担对家庭、社会的责任；要让他们保持旺盛的生命意识和积极的人生态度，用自己坚韧的行动来诠释生命，最终实现个人价值和社会价值。

（三）高校开展心理健康教育的现实意义

高校担负着培养高素质人才的光荣使命，心理健康教育工作事关高校人才培养工作的成败。可以说，没有心理健康教育，高校教育就不是完整的教育。心理健康教育可以帮助大学生培养良好的个性品质，提高大学生的社会适应能力、挫折承受能力和情绪调节能力，促进他们的心理素质、思想道德素质、科学文化素质、身体素质的全面协调发展。通过心理健康教育与心理咨询，可使大学生保持健康的心理状态和良好的心理素质，为其接受其他方面的素质教育提供良好的心理条件。

　　加强大学生心理健康指导，促进大学生身心健康发展，是高校思想政治教育的重要组成部分，也是大学生顺利完成学业的保障。教育部发布的《关于加强普通高等学校大学生心理健康教育工作的意见》中明确指出了高校心理健康教育的主要任务：“根据大学生的心理特点，有针对性地讲授心理健康知识，开展辅导或咨询活动，帮助大学生树立心理健康意识，优化心理品质，增强心理调适能力和社会生活的适应能力，预防和缓解心理问题。帮助他们处理好环境适应、自我管理、学习成才、人际交往、交友恋爱、求职择业、人格发展和情绪调节等方面的困惑，提高健康水平，促进德智体美等全面发展。”因此，高校辅导员应该和专业的心理机构一起努力，帮助大学生树立人生新目标，培养他们健康的心理和克服困难的意志品质，引导他们正确认识挫折、面对失败，时刻保持积极乐观的心态，只有这样才能帮助学生顺利完成学业、成长成才。

三、大学生健康心理的形成

　　对于在校大学生而言，心理健康是其成长成才的必要条件。那么，如何帮助大学生形成健康的心理呢？

（一）帮助大学生养成良好的适应能力

　　首先，针对入学时的新环境适应、学习方法、人际关系等方面可能出现的问题，辅导员要运用心理学知识对学生进行引导。其次，建立心理健康社团，完善心理健康管理的三级网络，配备班级心理委员，充分利用朋辈之间的影响力，增强大学生自助能力，扩大心理健康教育的影响范围，增强影响力度。再次，吸收对心理学有兴趣、对心理工作有热情的同学加入心理健康社团，请专业教师对他们进行基本心理知识和技能的培训，指导社团开展活动，寓心理健康教育于社团活动中，培养学生自我教育、自我服务的意识，有效开发和利用心理教育资源。

（二）针对大学生常见的学业问题，要给予必要的指导

　　要多鼓励学生，增强学生的自信心，不因暂时的失败而斥责他们。多给学生提供实践机会，让学生体验成功的喜悦，增强战胜挫折的勇气。端正学生的学习动机和学习态度，让他们制订详细的学习计划，并找老师和家长做计划实施的监督者，以帮助他们克服意志薄弱的缺点。

（三）帮助大学生建立良好的人际关系

　　大学生精力充沛，随着自我意识的不断增强，他们迫切想接触社会、了解他人，希望多交朋友、扩大视野，并建立自己的社交圈。但是，大学生在交往时容易理想化，认为同学之间都是可以相互理解、相互包容的，觉得朋友之间一定是最亲密的关系，可以分享一

切秘密。但是经过一段时间的交往，他们会发现朋友之间还是有距离的，于是在理想和现实的差距面前感到失望。当大学生出现这些人际交往问题时，高校辅导员要及时引导学生正确认识人际交往中存在的现象和问题，使其具有较好的心理弹性，学会运用人际交往的技巧和方法进行真诚有效的沟通，帮助学生建立良好的人际关系。

人的烦恼大部分与自己的人际态度有关。对别人吹毛求疵、过度苛刻，不注意与人交往的方式，会给自己带来烦恼。在现实生活中，一个人只有受到别人的欢迎和包容，才能拥有健全的人格，才能在人际交往中享受乐趣，才能赢得更多的伙伴。

（四）引导学生正确面对爱情

大学阶段的爱情是纯洁美好的，是令人向往的。但美好爱情到来的时候，学生还没有做好思想准备，使得恋爱的感觉多了些苦涩和酸楚。高校辅导员要引导恋爱中的学生处理好学习和恋爱的关系、"两人小集体"和班级大集体的关系。同时也要提醒恋爱中的双方注意自身的形象，毕竟学校是一个接受教育的公共场所，大学生还是学生的身份，恋爱中的双方都要时刻注意恋爱行为不能违反和干扰学校纪律和教育秩序。

（五）引导学生正确认识和评价自己，保持乐观的生活态度

一个健康的人应该能够对自己的个性特点做出客观、恰当的评价，当机会来临时，懂得好好把握，当机会失去后，也能坦然视之。高校辅导员应教育学生不为自己的优势和长处而沾沾自喜、自视清高，不因自己的缺点和劣势而悲观失望、妄自菲薄，应时刻保持判断力，不以物喜，不以己悲，保持健康的心态，勇敢地面对困难。

第三章 高校辅导员队伍建设

第一节 加强辅导员队伍建设的意义

大学生是十分宝贵的人才资源，是民族的希望，是祖国的未来。加强和改进大学生思想政治教育，是新时期一项重大而紧迫的战略任务。建设一支高水平的辅导员队伍，是加强和改进大学生思想政治教育工作的关键之一。一直以来，党中央都高度重视大学生的思想政治教育工作。中共中央、国务院发出的《关于进一步加强和改进大学生思想政治教育的意见》、教育部发出的《关于加强高等学校辅导员班主任队伍建设的意见》《普通高等学校辅导员队伍建设规定》等一系列文件的出台表明，高水平的思想政治教育工作队伍是加强和改进大学生思想政治教育的组织保证，同时也标志着高校辅导员队伍建设进入了一个新的阶段。

高校辅导员工作形式多样，内容复杂烦琐。从本质来看，现代高校辅导员工作主要体现了服务性的特征：一是服务于高等教育育人的大局，服务于高校战略发展的目标；二是服务于当代大学生健康成长的客观要求，真心真意为学生服务，切实帮助学生健康成长；三是服务于自身发展的主体要求。

高校辅导员是学生工作的具体实施者，是大学生思想政治教育工作队伍的主体，是加强和改进大学生思想政治教育的组织保证。高校辅导员作为开展大学生思想政治教育的骨干力量，直接承担着引导学生提高思想政治素质、文化素质、身心素质的任务，在学生综合素质提高方面也起着导向、服务等作用。建立一支信念坚定、素质稳定、甘于奉献、团结务实、勇于创新的辅导员队伍，是开展高校学生思想政治教育和日常管理工作的前提，是新时期做好学生工作的重要组织保证。

高校辅导员队伍建设是一个系统工程。面对社会发展给高校教育工作带来的内涵深化与外延拓展的新挑战，应突出辅导员队伍的专业化培养，推进队伍优化发展，提高队伍的整体素质，实施全员化育人的基本方略和发展方向，探索并建立起辅导员队伍建设的长效机制。高校应充分发挥辅导员队伍建设的综合效应，培养和造就一支素质高、能力强、作风正、结构合理的辅导员队伍，使其在办"人民满意教育"的历史重任中发挥更大、更积极的作用。

打铁还需自身硬，欲育人先育己。作为学生的人生导师和他们健康成长的知心朋友，辅导员应该向学生传文明之道，授立身之业，解人生之惑，应该用自己的知识和修养引导学生成长成才。要想扮好这个角色，辅导员必须拥有坚定的理想信念、崇高的敬业精神、高尚的人格魅力、广博的知识架构、良好的心理素质和较强的工作能力，必须不断加强自身素质修养。辅导员只有具备了良好的组织协调、观察沟通、研究创新和应对突发事件等能力，才能在学生日常教育指导、管理和服务过程中做好工作。当今时代给辅导员提出了更高的要求，辅导员需要不断充电、不断学习，继续接受更高一级的教育以适应时代的发展。

辅导员要主动学习和掌握大学生思想政治教育方面的理论与方法，定期开展相关调查和研究工作，分析工作对象和工作条件的变化，及时调整工作思路和方法，不断提高工作技能和水平；注重运用各种新的工作载体，特别是网络等现代技术和手段，努力拓展工作途径，贴近实际，贴近生活，贴近学生，提高工作的针对性和实效性，增强工作的吸引力和感染力。

辅导员要树立终身学习的观念，紧密结合工作实际，坚持继承与创新，不断提高工作水平和创新能力。首先必须有坚定正确的政治方向。这就需要辅导员努力加强自身的理论修养，多研读一些马克思主义的理论性文章，深刻理解理论内涵，构建自己的理论知识体系；多研究教育形势和教育对象的变化，自觉运用马克思主义的立场、观点和方法去分析和解决工作中的难点、难题，使理论与实践融会贯通，真正具有"生命力"。其次，思想政治教育工作与历史学、美学、教育学、伦理学、管理学、社会学、法学、心理学等学科有着密切的联系，它们是思想政治教育工作不可缺少的补充。因此，高校辅导员决不能仅仅把眼光局限在自己的专业领域，还应不断扩大知识面，广泛学习其他相关学科的知识，加强对中华传统文化的学习，经常阅读人文科学经典著作，努力丰富自己的文化底蕴，切实提高自身的道德、哲学、美学、艺术等方面的人文素质修养，做到各领域知识的触类旁通。这将有利于开阔视野，拓宽思路。另外，注重理论与实际相结合，搞一些应用研究课题，以提高自己的科研能力。辅导员良好的个性是学生个性发展不可替代的"阳光雨露"，只有提高自己的素养，才能更好地以人格魅力来管理教育大学生，才有可能帮助大学生解决深层次的思想认识问题，才能更有效地用科学的理论引导、教育学生，真正成为大学生思想上的引路人。

高校辅导员的工作内容不是一成不变的，而是动态的，具有时代性、青年性、高校性、思想政治性等特点。辅导员要努力通过自己的工作，对大学生的思想发挥引导作用，对大学生的行为发挥管理作用，对大学生的学习发挥促进作用，对大学生的时代精神发挥激励作用，对大学校园秩序的稳定发挥维护作用，对大学生的班团组织发挥领导作用。辅导员的工作是全校学生工作乃至全部工作的基础。

第二节　辅导员队伍建设存在的问题

为了保证辅导员能够积极、准确、高效、创造性地开展工作，最大限度地为学生的成长成才服务，为学校的发展稳定服务，目前我国各高校都开始重视辅导员的队伍建设问题。高校的辅导员队伍建设工作取得了一定的成效，但是在工作中也存在一些问题。

一、对辅导员工作定位的不明确

长期以来，高校辅导员队伍在学生党建、学生思想政治教育、学生安全稳定、学生管理等方面做出了积极的贡献。然而，面对新的社会环境，面对高等教育的改革与发展，队伍建设不断暴露出一些新的问题和不足，普遍存在多头管理、职责不清、工作效率偏低、知识能力难以胜任学生工作发展的要求、对辅导员工作缺乏科学的评估体系等等，概括来说，就是对辅导员工作定位的不明确。辅导员的本职工作是对学生进行思想政治教育和日常管理，但是由于扩招，学生的日常管理工作相应增多，凡是与学生有关的事情都交给辅导员做。同时，高校普遍存在对辅导员定位不明确的问题，各个部门都在向辅导员布置工作任务，并且工作量大，时间紧迫，使得辅导员整天忙于行政事务，没有充足的时间和精力回归本职工作，学生的思想政治教育工作做不好，势必会影响高校思想政治教育工作的有效开展。要从根本上解决这些矛盾和问题，就要构建辅导员队伍建设和发展的长效机制，依靠制度建设和机制创新推进辅导员队伍的建设和发展。

二、对辅导员培养模式的不专业

目前我国高校对辅导员的培养模式并不专业，辅导员普遍缺乏必要的岗前、岗后专业培训，队伍状况还处于以老带新、自行摸索、经验总结的初级工作阶段，工作方法简单随意，工作管理缺乏计划性、系统性；加之许多年轻辅导员人生阅历浅、工作经验储备不足、知识结构单一，难以适应现阶段学生对职业生涯教育、心理辅导、学习方法指导等方面的要求，难以对学生进行深层次的思想政治、人生观、价值观等方面的有效引导和教育，削弱了学生工作的效率。辅导员培养模式的科学化、专业化是进一步提高辅导员队伍整体素质的关键，是提升辅导员工作能力和水平的有效举措。要有计划地培养辅导员梯队，使这支队伍向专业化和职业化发展，进一步提升大学生思想政治教育工作的质量。

三、对辅导员工作评价体系不合理，激励机制不完善

在辅导员工作评价方面，各高校普遍存在评价体系不合理、激励制度不完善的问题。

工作制度的不明确使辅导员降低了对工作的热情度和责任感。目前，辅导员岗位的不稳定和辅导员队伍人员的快速流失趋势是不容忽视的，辅导员工作的相关评价体系不合理以及激励制度不完善影响了辅导员工作的积极性，有相当数量的辅导员并未将工作视为一个打算长期从事的职业。很多人之所以选择这一职业，只是把它作为自己进入学校行政部门工作或成为专职教师的跳板，从而在做辅导员时缺乏专业素质，不用心工作，影响了思想政治教育工作的正常进行。这就要求高校致力于辅导员队伍的建设，建立合理的评价体系和激励机制，以保证和促进辅导员能够履行自己的工作义务和责任，并且全方位完善和发展自己，这也是高校辅导员队伍健康发展的迫切需要。

四、辅导员的整体结构和自身素质有待于进一步提高

高校辅导员是学校思想政治教育工作的直接组织者和实施者，而辅导员整体素质的高低，直接影响工作水平和管理效果，因此进一步提高辅导员整体结构和自身素质对于高校思想政治教育工作来说非常重要。目前，高校辅导员多存在学历层次不高的问题，很多高校辅导员都是从本科毕业生中选出来的，硕士生和博士生很少；辅导员的专业知识结构也相对单一，有马克思思想政治学、教育心理学专业背景的辅导员数量不多。辅导员整体结构的不合理和自身水平不够高，将大大影响高校思想政治教育职能的发挥。

第三节　加强辅导员队伍建设的策略

一、规范培养模式

按照"高进，明责，严管，优出"的原则，结合辅导员队伍培养发展目标，"严选留，重培养，畅出口"的培养模式是提升辅导员队伍整体素质的关键，也是避免人才短期效应，使辅导员队伍能够科学化、专业化进行自身建设和开展工作，不断提升工作能力和水平的有效举措。

严选留：当前，高校大学生最希望辅导员给予的帮助依次为学业辅导、心理辅导、学习指导等，而相当大比例的辅导员在教育学、心理学、政治学等领域的知识结构和能力存在着明显的不足，难以满足学生的需求。因此，提升辅导员职业门槛，严格选聘程序，高标准引进人才势在必行。高校应积极实践和探索，从全国重点高等学校硕士毕业生中选拔专职辅导员，或从本校优秀本科毕业生中免试推荐研究生保留学籍担任辅导员，坚持多渠道引进人才，不断优化队伍结构，形成既继承本校学生教育管理优良传统，又融汇其他高校管理育人理念的工作格局；同时，建立职业准入标准和岗位准入条件，注重辅导员的科

学判断能力、准确把握方向能力、组织管理能力、群众工作能力、预防应对和处理突发事件能力以及语言文字表达能力。

重培养：建立专业化、科学化的辅导员学习、培训制度，是高等学校辅导员队伍建设的一项重要工作。在队伍建设中，高校要坚持岗前培训和岗位培训相结合、日常培训和专题培训相结合、理论培训和实践培训相结合，着重抓好先培训后上岗、边工作边培训、工作交流研讨和外出调研、提高学历层次四个环节。通过这些举措，基本保证辅导员每年有30学时以上的集中理论培训时间和两次以上的工作交流调研活动，并通过推荐免试读研究生和在职取得高一级学位等鼓励性政策，使专职辅导员的学历层次大幅度提高，以满足学生管理工作对辅导员专业素质的要求。

畅出口：辅导员职业发展规划是辅导员队伍建设构建长效机制的重要内容，畅通专职辅导员的发展出路是消除辅导员后顾之忧的根本，是吸引和留住人才的重要保障。高校要建立并完善辅导员职业化、专业化的相关制度，认真实施辅导员职业发展规划，重点帮助辅导员确立自己的职业发展目标，开展专业化培训，推进辅导员职业化建设；畅通辅导员与各级教师职务聘任的通道，积极搭建激励专职辅导员专业化发展平台，有计划地鼓励和支持专职辅导员在职攻读高一级学位，使辅导员队伍逐步走向专家化、职业化；坚持从辅导员中培养和选拔学校管理干部制度，把辅导员队伍作为党政后备干部培养和选拔的重要来源。

二、完善评价体系及激励机制

科学的绩效评价体系不仅仅是对辅导员工作的比较、评价与认定，更是对辅导员行为过程控制和工作成效的激励。健全监督考评制度是促进辅导员队伍不断提高自身素质、发挥工作主动性和创造性、加强和改进工作方法的有效途径。

科学、公正的考核体系是提升辅导员工作绩效的有效动力，主要由辅导员的基本素质、工作作风、工作方法、教育效果四个方面组成。考核应采取量化的办法，其中要特别关注学生的评价，保证学生抽样评价占有一定比重。抽样方式必须随机和有一定的覆盖面，学院和学校考评应侧重工作思路、创新点、工作显著业绩和深入细致的基础性工作等。考核结果可分为优秀、良好、称职、不称职试用和不称职淘汰五个等级，形成一定的淘汰机制。

以人为本，努力营造"尊重劳动，尊重知识，尊重创造，尊重人才"的和谐氛围已经成为高校的主要特点。在辅导员队伍建设上，高校同样要以人为本，建立合理、科学的考评制度，把师生公认、注重工作实绩作为辅导员考核的基本原则，同时坚持客观、公开透明、实事求是的原则，坚持现实性与定量结合、年度考核与平时考核结合，从而对辅导员的评价有合理科学的依据，在落实待遇和晋升方面做到有章可循，有规可依。

实践证明，辅导员考核能有力地促进学生工作的开展。考核体系使辅导员找准了位置，发现了不足，促进了自身素质的不断提高，更调动了他们工作的主动性和创造性，激发了他们改进工作方法的热情，这对辅导员行为过程的控制和对工作成效的激励起到了一定作用。同时，考核成绩为管理者的决策提供了有力的支持，可以帮助管理者建立符合辅导员队伍特点的干部素质模型。当然，对辅导员的考核评价标准仅有定量的描述是不够全面的，应增加数据研究和绩效分析说明考核项目，从而进一步推动辅导员工作经验的传承和教训的总结。

科学的激励机制是辅导员队伍素质提高的有力保障。辅导员考核体系既是激励机制，又是退出机制。高校应积极建立健全相关正激励机制，将其体现于辅导员职务晋升、先进评选、奖金获得、业绩津贴发放等与工作密切相关的各个领域；在此基础上，严格考核程序，考核不合格的辅导员要直接淘汰，考核为优秀和良好的辅导员可以得到荣誉激励、晋升激励和机会激励等各种激励。比如，对考核为优秀和良好的辅导员，工作两年以上可以晋升副科级辅导员；担任副科级辅导员的，工作两年以上可以晋升正科级辅导员；考核优秀的辅导员可以参评优秀学生工作干部，同时根据考核成绩的高低获不同等级的奖金，并按考核等级发放辅导员特殊补贴；对考评为不称职试用的辅导员，试用期一年，一年后考核仍为不称职的按淘汰处理。这些制度的建立，有效地保障了辅导员队伍整体素质的提高，有力地推动了辅导员队伍的发展。

与此同时，高校还要不断完善各项激励制度。一是使之有物质基础，至少使辅导员的待遇不低于同级行政管理人员或同条件的教师。二是使之有精神动力，可考虑单独设立辅导员职称的评聘系列，保证辅导员的各级评奖评优比例，甚至可以考虑设立辅导员工作创新基金，对于勤奋工作，而且确有创新举措的辅导员进行奖励。三是使之发展有奔头，重视辅导员队伍建设的中长期规划，把辅导员队伍建设列入学校师资队伍、管理队伍等建设的同等地位，有计划地分批组织优秀辅导员出国进行考察，开阔视野，切实提高辅导员的待遇。四是采取"专、转、提"的具体措施，优化辅导员的发展渠道。"专"是建设一支专业化的队伍；"转"是对愿意从事教学科研岗位的辅导员推荐其进修和转岗；"提"是对品德、能力和业绩突出的辅导员优先选拔到党政管理岗位。只有创建合理科学的考评和完善的激励制度，才能切实解决辅导员的出路问题。

三、优化整体结构，提升自身素质

我国高校长期的思想政治教育实践告诉我们，要想实现发展者的发展，首先必须加强建设者的自身建设，即应按照学生成长的发展规律和思想政治教育的规律，针对当前的社会环境和教育环境的不断变化，构建一支政治强、业务精、纪律严、作风正的辅导员队伍。只有这样，才能切实提高高校思想政治教育工作的实效性和针对性，才能提高辅导员队伍的自身素质，才能奠定辅导员队伍可持续发展的坚实基础。

（一）重视辅导员队伍的思想建设

辅导员队伍思想建设的好坏是关系到能否做好学生工作的一个重要方面。目前有部分高校对辅导员工作并不十分重视，导致辅导员工作积极性降低、工作效率差。也有很多高校在这方面做得很好，如高度重视辅导员队伍的思想建设，经常通过座谈或个别谈心等方式与辅导员进行交流，及时了解和解决辅导员思想上存在的困惑，不断提高辅导员的思想政治素质，使他们坚定工作理念。

（二）在队伍的知识结构和发展背景上，形成功能互补

目前，学校的专职辅导员主要来自两个群体：一是具有经济、管理、心理、法律等硕士学位的中共党员，他们大多数来自校外著名高校，是学生骨干，对学生工作有着比较好的认知度；二是作为优秀学生干部获得免试攻读研究生资格的本校毕业生，他们在本科学习阶段也是学生组织中的骨干，对学校和学生的特点比较熟悉，有着一定的学生工作经验。这两个群体在专职辅导员队伍建设上的兼容并蓄，既有助于多种校园文化的互相借鉴，优势互补，形成创新的育人环境，也有助于辅导员队伍的自身建设，形成合理的发展结构。

（三）在明确职责的基础上，健全工作机制，提高专业素质，打造一支学习型的队伍

1. 明确工作职责，健全工作机制是实施绩效管理的一个重要环节，也是对辅导员进行评价的前提和基础。具体来说，一是坚持岗前培训与定期培训相结合，有针对性地开展心理学、教育学、思想政治教育工作方法等培训，提高辅导员的工作技能，深化辅导员的责任意识和角色意识；二是围绕辅导员的中心工作的具体内容，建章立制，使工作形成体系；三是加强组织领导，定期进行专题研讨，加强队伍内的交流和沟通，查找存在的问题，对辅导员工作中的偏差和错误进行纠正，甚至可以就具体的案例进行分析，同时对优秀的做法进行推广，切实提高辅导员的工作能力和职业素养。

2. 完善管理制度，以制度建设为载体推动辅导员队伍建设。为了更好地使辅导员明确自身的责任和肩上的重担，在工作中以身作则，各高校可在工作实践中加强制度化建设，建立相关管理制度并加以规范和完善，以严格的制度管理辅导员的日常工作。比如各院系均建立辅导员工作条例、辅导员考核细则、工作例会制度、辅导员谈心制度等，通过一系列的制度建设，强化辅导员工作的主动性、自觉性、深入性和有效性，保证学生工作整体平稳高效地开展。

3. 要提高专业素质，打造一支战斗力强的高素质队伍，势必要求每位辅导员提高自身素养。高校应通过多种方式提升辅导员的理论水平和实际工作能力，努力打造一支学习型的辅导员队伍。

首先，加强思想政治教育，积极落实，通过学生处主办的辅导员选学培训课和定期的

业务学习不断增强辅导员的工作能力，提倡互相学习、交流工作经验和心得，同时将课堂上的新观点和好方法结合各院系实际进行运用。其他高校及辅导员可借鉴学习。

其次，鼓励辅导员开展课题研究。在传统思维中，高校辅导员都是凭人格和经验开展工作，不需要多高的理论水平。这种思想不仅不再适应高校新的教育形式，而且在现实中还阻碍了辅导员队伍整体素质的提升以及探索新方法、解决新问题能力的提高。各高校应积极组织、支持和鼓励辅导员开展课题研究，学生处以及其他各部处可提供相关课题研究项目供辅导员选报。这样做可以极大地调动辅导员开展理论学习、进行课题研究的主动性和积极性，提高辅导员的理论修养和工作能力。辅导员通过自我学习不断提升自身的综合素质和能力，不仅能更好地胜任工作，还可以不断挖掘自身潜力，成为全方位发展的人才。

再次，加强业务知识的学习。辅导员工作岗位本身就是一个大课堂，带着问题去学习、在学习中摸索方法，这样的实战演练开阔了辅导员的视野，提高了他们的认识，提升了他们解决问题的能力。各高校应该鼓励每一位辅导员在工作中多思考，提高自身的管理水平和综合素质，并进行学术研讨，探索、研究学生管理工作的理论方法。

最后，加强专业知识的学习。加强辅导员专业知识的学习和培训是非常重要的，高校要鼓励辅导员进行专业知识的学习和培训，主要的培训方式有岗前培训、上岗培训、在职进修、参加同等学力研究生课程班或攻读硕士、博士学位，参加学校组织的学习培训活动等。这样可以使辅导员队伍的整体素质、学识水平较以前有较大幅度的提高，也更有利于加强和改进大学生思想政治教育工作的开展。

（四）加强辅导员团队素质和创新意识的培养

良好的团队意识对辅导员队伍更好地开展工作有着极为重要的作用，只有形成和谐、友爱、互助、团结的良好工作氛围，才能调动辅导员的工作积极性，使他们在分工明确的基础上通力合作，更好地发挥辅导员队伍的潜能。各高校院系可以通过开展简单有趣的联谊和体育竞赛增强辅导员队伍的凝聚力。辅导员在工作开展的过程中也要做到与时俱进，创新机制，注重自身创新意识的培养，在实际工作中提高自身的工作能力和战斗力，这对推进学生工作有重要的意义。

加强现代高校辅导员队伍建设，打造一支富有战斗力的工作团队一直是全国各高校工作的目标之一。实践表明，这些措施为辅导员队伍建设打开了整体上升的通道，提高了辅导员的思想政治素质等多方面的能力，同时也铸就了一支朝气蓬勃、团结向上、勇于创新、甘于奉献的辅导员队伍，对加强和改进高校大学生思想政治教育工作发挥了积极作用。因此，高校应继续努力，争取把辅导员队伍建设成为教育与管理、教书与育人、培养与考核三者有机结合的高质量、高水平的队伍。

第四章 高校辅导员职业化

第一节 高校辅导员职业化的概念

随着我国高校辅导员队伍的发展壮大，高校辅导员职业化已成为热门话题，且已成为我国高等教育发展的大趋势。特别是《关于进一步加强和改进大学生思想政治教育的意见》和教育部《加强高等学校辅导员班主任队伍建设的意见》等文件的出台，把辅导员队伍的建设问题提到了新的历史高度。辅导员队伍的职业化发展是加强和改进大学生思想政治教育的新途径，也是辅导员队伍健康发展的新举措。

什么是高校辅导员队伍职业化？这是在梳理高校辅导员队伍职业化研究历程时必须要回答的问题。辅导员队伍职业化大致由以下几个方面来界定。

一、从辅导员职业的专业化来界定

辅导员队伍的专业化建设是其职业化发展的必然要求。因此，有学者从辅导员职业的专业化方面对辅导员职业化的概念进行了界定。高玖伟提出，高校辅导员职业化，是指普通的非专业高校学生工作逐渐符合专业标准，成为专业性职业并获得相应的专业地位的动态过程。马元方提出，所谓辅导员职业化，就是在我国高校要使辅导员这支队伍中的主干力量长期地、稳定地成为专门从事大学生思想政治教育和日常管理的专业工作者。

二、从辅导员职业的专业化和社会化来界定

有学者从辅导员职业的专业化和社会化角度对高校辅导员职业化的概念进行了界定。张人崧提出，要解释辅导员职业化，我们需要把握住两个重要命题，即辅导员职业的专业化和辅导员职业的社会化。曾准提出，辅导员职业化一方面指高校辅导员行为规范、身份和来源的社会化；另一方面，辅导员职业化是针对辅导员应该具备的职业素养和职业技能而言的，即一种专业化的过程和状态。

三、从辅导员职业的专业化和终身化来界定

辅导员工作要成为一种专业的且能够终身从事的职业，就必须具有专业化和终身化的特点。为此，有学者从辅导员职业的专业化和终身化角度对辅导员职业化的概念进行了界定。于跃提出，高校辅导员职业化可以从广义和狭义两个角度来理解。从广义上讲，高校辅导员职业化就是指有一定数量的人员终身从事辅导员职业，并推动相应制度、职业培训与管理体系的建立。从狭义上讲，高校辅导员职业化特指高校辅导员队伍的职业化目标，包括人员专职化、职业专门化、知识与能力的专业化等。

四、从辅导员职业的专业化、社会化和终身化来界定

也有学者根据辅导员职业的专业化、社会化和终身化来对辅导员职业化的概念进行界定。周海英提出，辅导员职业化的内涵包括辅导员队伍的专业化、终身化、社会化。专业化主要针对从业者所应具备的职业素养和职业职能而言；终身化主要针对辅导员的从业年限而言；而社会化主要针对从业者的身份来源和社会地位而言。

五、从辅导员的从业规范和职业标准来界定

有学者从辅导员的从业规范和职业标准对辅导员职业化的概念进行了界定。梁昱庆等人提出，所谓辅导员队伍建设的职业化，是指高校专职辅导员经过严格的专业学习和培训，达到辅导员职业资格要求，通过严格的考核、晋级、淘汰等完善机制，长期保持辅导员这一职业的相对稳定性。熊书银等人指出，所谓辅导员职业化，一是从事高校辅导员工作的人员必须经过专业的学习和培训并达到职业的基本要求；二是高校辅导员工作应成为一种职业，保持辅导员队伍的相对稳定性，逐步建立辅导员工作的进入、考核、晋级、淘汰等机制；三是应规范高校辅导员的继续学习和培训制度，根据高等教育发展的需要和大学生的特点对辅导员进行定期的考核和淘汰。

以上几种观点从不同的角度对辅导员职业化的内涵进行了概括，不同学者对高校辅导员职业化的定义各有依据。以上概念的分类并不是绝对的，它们之间也存有一些联系和共同的地方。对以上概念进行分类主要是便于更清楚地认识和学习。根据社会学的研究，职业化与专业化没有实质性的区别，都是指同一个社会现象，即指一种职业的专业化。因此，辅导员的职业化建设必然要求辅导员的专业化，辅导员职业化的内涵必然要体现出辅导员的专业化。马克思主义认为，职业的产生与发展是人类文明的标志，是社会发展与进步的反映，是社会劳动分工的必然结果。而辅导员作为社会分工的结果，就必须有其社会化过程，从中体现出其社会职业身份、社会职业规范和社会生存方式等。也就是说，通过社会化达到或具备了其相应的职业规范和职业标准。而职业化的过程是一个比较漫长的渐进发

展过程，不是一蹴而就的，需要进行长期的工作逐步取得独立的职业地位。可见，以上学者从辅导员职业的专业化、社会化、终身化以及职业规范和职业标准方面对辅导员职业化的内涵进行界定是有道理的。

《关于进一步加强和改进大学生思想政治教育的意见》中提出："选拔推荐一批从事思想政治教育的骨干进一步深造，攻读思想政治教育相关专业的硕士、博士学位，学成后专职从事思想政治教育工作。"教育部《关于加强高等学校辅导员班主任队伍建设的意见》提出："鼓励支持一批骨干攻读相关学位和业务进修，长期从事辅导员工作，向职业化、专家化方向发展。"以上文件精神指出，高校辅导员职业化的内涵应包括三方面的要义：一是辅导员的职业化需要辅导员个体根据与岗位工作相适应的知识和技能不断达到专业化的要求；二是辅导员工作作为一种社会职业，要在社会化过程中形成共同的职业规范和职业标准；三是辅导员职业化过程是一个比较漫长的渐进发展过程，需要在按客观规律办事的同时长期从事，逐步取得独立的职业地位。

第二节　高校辅导员职业发展的途径

辅导员非"职业化"的问题由来已久，当前也需要高校积极落实中共中央国务院的有关文件精神，加强政工干部队伍建设，解决这一迫切问题。当前对于辅导员职业化研究的文章较多，对于其职业途径的研究呈现出百花齐放的态势。通过对文献资料的梳理可以得出，当前辅导员的职业化途径主要有以下几个方面。

一、加强辅导员个体的培养和发展实现职业化途径

辅导员要实现职业化的发展，其个体必须满足工作职业化的需要。因此，加强辅导员个体的培训工作是实现辅导员职业化的重要环节。马元方指出，应加强辅导员队伍的培训，切实提高辅导员的工作能力和水平，辅导员的工作性质要求辅导员具备全面的综合素质和相关的专业知识。尽管目前教育部已规划并建设了辅导员的专门培训基地，但这些培训基地的培训条件和能力远远不能适应和满足高校辅导员的培训需求。梁茜茜提出，加强对辅导员的职业培训工作，使之系统化、理论化，建立具有指导性、实用性、针对性的培训系统，是辅导员职业发展的关键环节。

二、完善学科建设体系，适应辅导员职业化建设需要

高校辅导员这一职业所依托的学科专业知识是思想政治教育及相关学科专业。从思想政治教育学科发展来看，该学科理论知识体系已经成熟。特别是 2005 年 12 月国务院学位

办决定建立马克思主义一级学科，对思想政治教育学科进行了适当调整以后，学科边界更加清晰。因此，有学者根据辅导员所依托的学科专业对辅导员职业化的途径进行了分析。孙云龙提出，应加大对辅导员研究工作的支持力度，建立辅导员工作的学科体系，加强思想政治教育的理论研究和工作创新；应设立研究基金和科研项目，促使辅导员进行思想政治教育理论和方式、方法的研究与探索，提高思想政治教育管理的系统性与科学性，用理论指导实践，促进工作的进一步开展。

三、完善制度设计，寻求职业化的途径

辅导员工作作为一种专门性的职业，必须有一套相应的、稳定的，并被从业者广泛认同的制度规范体系。因此，许多学者从完善制度设计角度对辅导员职业化的途径进行了分析。陈永华等人提到，高校要建立一支相对稳定的辅导员队伍，不能仅从分流角度考虑，更应在制度层面进行改革，建立辅导员选留制，确立从业资格考核制度；建立思想政治教育工作的职称评定体系；建立完善的辅导员职业升迁体系及与之配套的工资报酬体系和与职业升迁体系相适应的培训体系等。周先进提出，要切实加强辅导员职业化建设必须强化五项机制，即坚持准入机制、强化培养机制、建立保障机制、拓宽发展机制、健全考核机制。

四、立足职业化的内涵来探索职业化的途径

辅导员的职业内涵直接显示了辅导员工作的职业特点和性质。因此，立足于辅导员的职业内涵对辅导员的职业化途径进行探讨，是辅导员实现职业化的基本途径。李正赤提出，高校辅导员职业化应包含三方面的内容，一是从事高校辅导员工作的人员应经过专业的学习和培训并达到职业的基本要求，即应具备三种基本知识和三种基本能力；二是高校辅导员工作应成为一种职业，应保持辅导员队伍的相对稳定性，逐步建立辅导员工作的进入、考核、晋级、淘汰等机制；三是应规范高校辅导员的继续学习和培训制度，根据高等教育发展的需要和大学生的特点对辅导员进行定期的考核和淘汰。

五、建立辅导员协会或组织促进职业化发展

高校辅导员协会是辅导员交流思想、探讨工作的专业平台。辅导员协会有利于辅导员能力的提升和专业化发展，有利于增强辅导员的归属感和职业认同感，有利于促进辅导员工作的改革与创新。因此，有学者通过建立辅导员协会或组织促进辅导员职业化发展。薛徽提出，高校应依据教育部发布的《普通高等学校辅导员队伍建设规定》，成立专门的辅导员协会，研究制定统一的辅导员职业标准，明确职业准入、职业资格、职业评价、职业认证等事宜，对辅导员进行能力素质认证，颁发全国统一的专业证书（比照律师证等），

促进优秀辅导员脱颖而出，也便于实现辅导员跨地区和跨学校的横向流动。

六、促进职业化发展的其他途径

对于辅导员职业化途径，除了以上研究外，还有不同学者从其他方面进行了分析。如有学者针对高校应为辅导员提供良好的环境进行了分析。胡刚提出，辅导员工作必须与学校其他队伍的教育力量整合起来，才能促进人才培养目标的实现；才能不断提高工作水平、增强工作实效；才能形成辅导员职业化建设的良性外环境。为此，高校必须处理好学校与专任教师的关系、与学校管理干部的关系以及与学校工勤人员的关系。还有学者从领导层面进行了分析。唐岚提出，重视学生工作，营造辅导员工作的良好氛围要打造一支精良的辅导员队伍，首先必须解决领导层面的重视问题。学校领导班子必须高度重视学生工作，要将学生工作放在应有的高度，作为关乎学院发展的一件大事来抓。

通过以上对高校辅导员职业化途径的研究可以看出，辅导员职业化途径的研究已成为学者们讨论的热点，他们从不同方面对辅导员的职业化途径进行了论述并取得了一定的成绩，这些研究对于辅导员职业化的发展具有重要的借鉴价值。但对辅导员职业化途径的创新研究还不够，研究深度也不够，对为什么要实施职业化发展以及如何实施等问题讨论还不够，高校辅导员职业化途径的实践研究还比较薄弱。

高校辅导员职业化建设是一个系统的工程，必须从战略整体上思考和规划，需要各方面的配合，进一步研究可行的措施，并且落实到位；还应根据职业化所需要的各方面的主客观条件，对实施依据以及实施的具体方法进行认真讨论分析，健康有序地促进高校辅导员职业化的发展。

第三节　高校辅导员职业化的理论基础

一、人的全面发展理论

人的全面发展理论在马克思主义理论和中国教育实践中占据重要地位。马克思、恩格斯曾在著作中对于人的全面发展命题做出重要论述。人的全面发展理论对于我国教育实现"面向现代化、面向世界、面向未来"的方针具有重大的指导意义。人的全面发展在现阶段就是人的现代化。实现人的现代化的过程，实质上就是实现人的全面发展的过程，这一过程是与我国的社会主义现代化建设相一致的，是社会主义现代化的重要组成部分。作为社会主义教育的根本目标，"人的全面发展"以培育人的科学素质、文化素质、思想素质、道德素质等素质为载体，以人的思想、文化、社会关系和个性能力的充分发展为表现。具体到辅导员职业化，其发展的根源和动力正是大学生全面发展的需要。

（一）人的全面发展是马克思主义理论的重要命题

人的全面发展是马克思主义科学社会主义理论的重要命题。马克思、恩格斯在《德意志意识形态》等著作中论述了人的全面而自由的发展，并提出"人以一种全面的方式，也就是说，作为一个完整的人，占有自己的全面的本质""代替那存在着阶级和阶级对立的资产阶级旧社会的，将是这样一个联合体，在那里，每个人的自由发展是一切人的自由发展的条件"。

在马克思主义理论中，首先，人的全面发展意味着个人劳动能力的充分发展。劳动作为人的本质力量的确证，在改造自然的同时，也在改造劳动者本身，使劳动者产生新的观念、新的需要，锻炼出新的品质。其次，人的全面发展意味着人的社会关系的丰富。人的社会关系即人的现实关系和观念关系，人的物质关系、法律关系、政治关系、道德关系、文化关系等充分体现了人的本质特征，即"人的本质不是单个人所固有的抽象物，在其现实性上，它是一切社会关系的总和"。再次，人的全面发展意味着人的需要的充分满足和人的能力的全面发展。人不仅能够在人与社会、人与自然的关系中体现他的全面自由发展，而且能够将这种对于社会和自然的外部自由转化为人的主体自由，人可以充分发挥自己的潜能和个性，从而达到自由发展的最高境界。在科学社会主义理论中，人的全面发展是共产主义社会的基本特征。

人的全面发展是一个历史的实践过程。人类社会的不同历史发展阶段，对于人的全面发展赋予了不同的阶段性内涵。《周礼》记载的六艺，即礼、乐、射、御、书、数正是从全面发展的角度提出的教育要求。人的全面发展也是一个不断超越的过程，是理想和现实的统一。一方面，人的全面发展的诉求在社会中不断实现；另一方面，随着社会的发展，人的全面发展的诉求也在不断变化。正是在这种互动的关系中，社会在向共产主义社会形态迈进，而人的全面发展得以更加丰富和深刻地展开。

（二）人的全面发展是社会主义教育的根本目标

按照马克思主义基本理论，根据社会主义社会的发展目标和根本任务，社会主义教育始终将促进"人的全面发展"作为根本目标。社会主义教育作为有目的的社会实践活动，其根本目标就是通过培育人的科学素质、文化素质、思想素质、道德素质等，通过人的思想、文化、社会关系和个性能力的充分发展，推动"人的全面发展"的具体落实。

大学作为社会主义教育事业的中坚力量，在为社会主义事业培养合格建设者和可靠接班人方面发挥着不可替代的作用。而只有坚持全面发展的社会主义人才培养目标，才能够充分实现社会主义大学的本质要求。大学"全面发展"的育人目标客观上要求教育引导大学生能够正确认识个人发展和社会发展的统一，帮助大学生充分理解"全面发展"不是以个人为中心的发展，而是与社会发展互相依存、共生共荣的发展；教育引导大学生树立正确的价值取向，自觉抵制拜金主义、享乐主义、极端个人主义的不良倾向，正确处理追求物质利益和丰富精神生活的辩证关系；教育引导大学生在充分发挥主体性的同时，自觉克服发展过程中出现的片面倾向，不断实现从自发发展向自觉发展的转化。

（三）人的全面发展是辅导员职业化的发展依据

从辅导员职业发展的历程及辅导员工作定位和职能的转换中，辅导员职业化已经成为辅导员队伍建设的发展趋势和思想政治教育学科的前沿课题。然而，真正推动辅导员职业化发展的力量来自实践的需要，来自大学生德育工作的需要，来自大学生全面发展的需要。从根本意义上讲，辅导员职业化是实现社会主义高校"全面发展"育人目标的客观要求，促进大学生的"全面发展"正是辅导员职业化展开的逻辑前提。

人的全面发展既包含智力因素的全面发展，也包含非智力因素的全面发展。然而在一些因素的影响下，片面追求智育教育，忽视德育教育的情况普遍存在，甚至许多高校教育者和大学生本身也没有对德育工作的价值予以充分的认识和肯定。在全球化和信息化的时代背景下，在知识不断更新、竞争日益激烈的社会条件下，大学生的全面发展成为提高核心竞争力的基础。而在大学生的全面发展过程中，德育因素发挥着重要的价值引领、精神支持的作用。大学生的德育素养可以帮助个体最大限度地发挥潜能，消除思想困惑，解决实际困扰，充分释放个体的聪明才智，使其科学文化素质、思想政治素质、道德文化素质、个性心理素质能够协同发展，构建良好的知识结构与素质结构。在智力因素和非智力因素的教育分工中，高校具有明确的工作体制和基本要求。智育教育一般是在课堂教学中进行的，是显性的课程；而非智育教育主要包括社会实践教育、班团建设教育、党支部活动教育、学习发展教育、心理健康教育和职业发展教育等，是隐性的课程。隐性课程对于大学生全面发展的意义重大，但是由于各方面的影响，高校隐性课程普遍缺乏专业性的学科支撑。对于隐性课程这样一个外延较大的领域，一般是由辅导员统筹管理，在具体工作层面上，更多地呈现事务型而非专业型。可见，辅导员的应然状态和实然境遇之间存在一定的矛盾，而辅导员职业化发展可以说是破解这一矛盾的金钥匙。而以大学生的全面发展理论为指导，以促进大学生的全面发展为准绳，是辅导员职业化发展的理论依据和实践标准。

二、"育人为本，德育为先"思想

"育人为本，德育为先"是党和国家一直贯彻的教育思想。它既是加强和改进大学生思想政治教育的基本原则，也是辅导员职业化发展的价值依托。

（一）立德树人是高校教育的根本任务

"育人为本，德育为先"是加强和改进大学生思想政治教育的基本原则。其中，育人体现了学校教育的本质功能，而德育则是育人功能的核心。大学的基本职能是人才培养、教学科研、社会服务和文化传承。其中，人才培养是教育的根本目标，学校的各项工作都要紧紧围绕人才培养展开。专职教师在教书的同时，传授的不仅仅是知识，还有道德品格；其他管理岗位、教辅岗位、服务岗位的工作者也在各自的领域开展具有独特个性和独特方式的教育活动。因此，在高校工作系统中，人才培养人人有责。只有构建全方位的教育、管理、服务体系，使高校的各种教育力量发挥积极的同向作用，才能够为高校的人才培养和大学生的全面发展提供保障。

"立德""树人"作为高等教育不可偏废的两个方面，具有内在的统一性，统一于学校人才培养的具体实践中，统一于学生全面发展的成长过程中。其中，"立德"是"树人"的必然要求，"树人"是"立德"的根本目标。德育教育只有融入人才全面发展的视野中，才能够充分发挥德育在"树人"工作上的主导作用。而高校人才培养只有重视德育工作，才能够充分发掘人才的发展潜能，为社会主义建设培养合格的建设者和可靠的接班人。

（二）德育在育人过程中的重要功能

高校德育工作或者说高校思想政治教育工作的基本内涵主要包括思想政治教育、政治教育、道德教育和心理健康教育。从德育工作的内涵推演德育工作的基本功能，主要体现在以下几个方面。

第一，帮助大学生树立科学的社会理想信念。高校德育工作要从历史唯物主义出发，按照社会发展的基本规律，根据受教育者的思想状态和主要问题，引导教育对象的思想行为符合客观规律，为其成长成才提供社会理想的引领。

第二，帮助大学生塑造良好的个人品格。个人是否成才，个人的价值是否能实现，都离不开社会化的环境和社会化的评价。个人的优秀品格在其自我实现和社会评价过程中发挥着至关重要的作用。德育工作在培养大学生良好的心理品质、高尚的道德情操和合理的价值准则方面发挥着重要功能。

第三，帮助大学生培养主体性和创造性。德育工作的载体丰富多样，特别是和社会实践紧密联系的特点使德育工作更能够触动大学生的内心深处，从而有效激发大学生的社会责任感和使命感，增进自身发展的主体性，提升创造性。

第四，帮助大学生养成良好的行为习惯。行为习惯的养成是一个长期的过程。良好的行为塑造良好的习惯，良好的习惯培养良好的个性。德育不仅重视思想认识方面的答疑解惑，更重视知行统一的教育价值。基层的德育工作在教育指导、监督落实、反馈评价教育对象的过程中发挥着重要的引导和规范作用。

德育工作的基本功能充分体现了德育教育在育人过程中的主导作用。"德育为先"并不意味着对其他教育要素的替代，而是充分认可和特别强调德育工作在人才培养目标方面的规定性、在人才培养过程方面的推动性及在人才培养效果方面的保障性。只有以"德育为先"，德、智、体、美各方面教育要素互相作用、互相制约，才能够形成科学的合力，共同促进人才的全面发展。

（三）"育人为本，德育为先"是辅导员职业化发展的价值依托

在我国高校的实践中，辅导员作为从事大学生日常思想政治教育工作的教师和管理者，承担着大学生德育教育的重要职责。

"育人为本，德育为先"的教育思想赋予了辅导员职业历史使命和教育责任。在国际国内形势深刻变化的时代背景下，面对高校德育教育的现实矛盾和问题，只有实现辅导员的职业化发展，完善辅导员工作体制机制，提高辅导员专业化水平，才能够使辅导员积极适应各方面的形势变化，深入细致地了解大学生的发展需求并给予及时有效的教育指导，才能够使辅导员真正发展成为大学生的人生导师和知心朋友，有力地承担起辅导员的工作职责和使命。

"育人为本，德育为先"教育思想已经成为辅导员职业化发展的价值依托。

一方面，"育人为本，德育为先"教育思想是辅导员职业化发展的理论依据之一。"育人为本，德育为先"确认了德育在高校教育和人才培养中的主导地位，客观上要求高校德育工作者加强职业能力建设，推进职业化发展。虽然德育工作在高校人才培养中发挥着重要的作用，但是由于多方面的原因，德育工作的现实发展面临着严峻的挑战。其中，制约高校德育工作健康持续发展的一个关键要素就是辅导员队伍建设的问题。辅导员队伍建设经历了社会主义建设时期的发展历程，随着高校思想政治教育工作的不断推进，既积累了丰富的理论发展和实践探索的宝贵财富，也出现了一些队伍建设发展路径上的分歧。《关于进一步加强和改进大学生思想政治教育的意见》（以下简称《意见》）在总结历史经验的前提下，根据国家教育战略和方针的基本要求，从人才培养和民族复兴的战略角度，将大学生思想政治教育工作提升到战略地位，明确了辅导员职业化的发展路径，解决了辅导员队伍建设的方向问题，为辅导员专业化和职业化发展奠定了政策基础。

另一方面，"育人为本，德育为先"教育思想是辅导员职业化发展的实践指南。在"育人为本，德育为先"教育思想的指导下，辅导员职业化发展不仅在认识层面达成了普遍共识，在高校实践中也出现了很多具有代表性的做法和模式。这些措施不仅极大地鼓舞了辅导员群体的职业发展动力和工作积极性，也积累了相当多的高校德育工作创新素材。可以说，在高校德育工作领域，呈现了"发现问题—探索研究—提升能力"的良性工作循环，辅导员职业化发展在"育人为本，德育为先"的教育思想指导下，在《意见》的政策鼓舞和激励下，进入了良性发展的轨道。

辅导员职业化的科学发展不能离开"德育为先"，"德育为先"为其提供了发展动力和价值归宿；也不能离开"育人为本"，德育的全部目的和价值归宿在于促进学生的全面发展，如果偏离了"育人为本"的目标，那么德育就缺失了发挥主导性的对象，主导性也就无从谈起。在辅导员职业化的发展进程中，既要强调德育工作的意义和价值，也要强调德育工作与其他教育工作的密切配合，将德育的引领、塑造、培养、规范等功能和智育等其他育人工作有机结合，坚持"育人为本，德育为先"，才能真正实现大学生的全面发展。

第五章 高校辅导员职业化的分析
——交叉学科理论分析

第一节 交叉学科的理论方法

　　人们在对某一客体进行研究时，经常会运用不同学科的知识、思想、方法、手段，而逐渐形成一门前所未有的新学科，这种新学科就是"交叉学科"。当代自然科学迅速向社会科学渗透，传统意义上自然科学定量研究的方法也出现在新型的社会科学研究中，学科之间渗透交融的状态日益普遍，交叉学科的研究理念和方法日益受到人们推崇。

　　交叉学科的研究方法在现代科学发展研究领域中具有重要意义。《国家中长期科学和技术发展规划纲要（2006—2020年）》指出，多学科的交叉渗透正在不断创造新的知识领域，成为科学突破性发展的重要动力，需要给予高度的关注。伴随着全球化的发展趋势和现代性的构建，现代社会中的重大问题常常呈现复杂综合的形态，单凭一门学科的力量很难科学地进行描述阐释和有效地解决问题。

　　大学生思想政治教育研究作为社会科学的一个研究领域，其研究对象和问题都带着极大的综合性，相当复杂，客观上要求使用多学科交叉研究的理论和方法进行研究。思想政治教育学界的专家学者也明确指出交叉研究对于学科发展的重要意义。张耀灿在《现代思想政治教育学》一书中指出："科学发展到今天，既深度分化，又高度综合，这一学科发展的客观趋势表明，任何一门现代科学（包括现代社会科学）都是在综合应用多学科知识基础上发展起来的横向学科。"冯刚指出："学科的交叉融合，是学科发展成熟到一定程度后的必然要求和表现，只有以不同学科的视角来审视本学科的发展，本学科才能不断获得新的生长点，这是学科发展的客观规律。而且，学科的交叉融合、不同思想理论之间的相互借鉴与相互渗透，也是促进学科发展、推进理论创新的必由之路。"路郁廷指出："德育问题的多维性、多样性和单一学科的独特性、专门性，产生了巨大的差距和矛盾。单一学科难以解决复杂多维的德育问题，解决客观存在的复杂多维的德育问题往往需要多学科、跨学科的共同合作，需要不同学科之间的相互交叉与融合。唯此，才能集众多学科之长解多维德育问题之难，满足高校德育创新之需。"

一、辅导员职业化发展需要交叉学科的理论方法

创新是高校思想政治教育工作发展的动力之源。辅导员职业化作为高校思想政治教育工作的重要课题，需要遵循创新的基本规律，积极吸纳多学科的研究成果，将交叉学科的研究方法作为创新的科学方法论。虽然无论在自然科学领域还是在社会科学领域，交叉学科的蓬勃发展已经成为显性的重要特征，但是从交叉学科的角度解析大学生思想政治教育的研究在国内还属于起步阶段。目前国际环境复杂多变，国内经济转型调整，利益格局深刻变化，大学生思想政治教育工作承载了更多的社会期待。传统的大学生思想政治教育理念、方法、手段客观上需要不断创新。而遵循科学发展规律，借鉴共享其他学科的研究成果，是增强大学生思想政治教育生命力和创造力的重要源泉，也是发现思想政治教育学科生长点的重要渠道。辅导员职业化发展一方面要立足于思想政治教育的基本理论和方法，另一方面也要根据科学发展的规律和要求不断创新。交叉学科的研究方法在现阶段呈现了突出的意义和价值。在应用交叉学科研究方法研究辅导员职业化发展的过程中，需要将立足思想政治教育学科和借鉴多学科理论成果相结合，需要将理论分析与解决实践问题相结合，更需要以问题意识为导向拓展和深化辅导员职业化发展研究。

（一）立足思想政治教育，借鉴多学科成果

以交叉学科的研究方法开展辅导员职业化发展研究，必须要处理好"立足"和"借鉴"的辩证关系。辅导员职业化发展问题作为思想政治教育学科的特定研究问题，具有特定的内涵和外延。辅导员职业化发展研究是在促进大学生思想政治教育工作科学有效开展的维度上展开的分析研究，是为了探索新时期思想政治教育工作规律和方法进行的分析研究，是为了提高辅导员队伍日常思想政治教育管理水平进行的分析研究。辅导员职业化发展研究无论借鉴何种学科的理论、方法或技术手段，归根到底都要为大学生思想政治教育工作服务，绝对不能"种别人的田，荒了自己的地"，要正确处理好"立足"和"借鉴"的辩证关系，以"立足"为根本，凭"借鉴"求创新。

作为新兴学科，思想政治教育学科的建设发展工作非常艰巨，甚至在其他学科中还存在着该学科"非学术化""意识形态化"的偏见误解。然而，面对复杂多变的国际国内形势，面对亟须解决的大学生发展诸多问题，从事大学生思想政治教育理论和实践活动的工作者更多的是要树立学科意识和学科自信。从事辅导员职业化发展研究，特别是以交叉学科的研究方法研究辅导员的职业化发展，更需要有这样的学科自信。只有这样才能够更加从容、更加合理地借鉴其他相关学科的研究成果，更好地服务于大学生的全面发展。

（二）理论与实践相结合，科学开展交叉研究

思想政治教育学科的理论基础是马克思主义。只有以马克思主义科学体系为指导，坚

持马克思主义科学体系与时俱进的理论品质，才能够保障思想政治教育学科的科学健康发展。理论与实践相结合作为马克思主义科学体系中认识论的重要原则，在思想政治教育的具体领域研究中，发挥着重要的指导作用。

思想政治教育学科是综合性很强的应用学科，在学科内部，大学生日常思想政治教育工作以及与其密切相关的辅导员职业化发展问题更是体现着鲜明的实践性特征。然而，在现实生活中，大学生日常思想政治教育工作经常呈现经验性的总结状态，辅导员对于大学生中普遍存在的问题有一定的认识和了解，但对于问题的本质分析得不透彻，对于问题的规律不能够全面科学地认知。其重要原因就是辅导员工作的实践性要求解构了辅导员工作的理论性要求，纷繁琐碎的事务性工作消耗了辅导员的大部分工作时间和工作精力，再加上辅导员学科背景差异、职业化发展路径不明确等因素的影响，辅导员在大学生日常思想政治教育工作中很难将理论和实践有机结合，也很难对经验进行总结验证和理论提升。

以交叉学科的视野创新性地开展辅导员职业化研究，必须坚持理论和实践相结合的道路，自觉避免辅导员职业化研究中的实务化倾向，一切从实际出发，以促进大学生全面发展为根本目标，将交叉学科的理论和大学生日常思想政治教育工作密切结合，借鉴多学科的理论和方法，不断激发辅导员职业化研究中的新思路、新方法，真正做到"他山之石，可以攻玉"。

（三）以问题意识为导向，自觉开展交叉研究

改革开放以来，马克思主义哲学从初期关于真理标准、人道主义和异化问题的讨论，一直到现阶段领域哲学的蓬勃兴起，无不彰显了问题意识的导向。时代和发展带来的现实问题以及社会和公众对于问题的呼应，客观上要求当代的社会科学研究要以问题意识为导向，积极回应各种思潮和诉求。无论是理论上的前沿问题，还是实践中的重大问题，都蕴含着科学发展的要素。从问题出发，并不意味着所有大大小小的问题一把抓，不分主次，不论层次。问题意识要求研究者能够运用智慧和理论思维，透过现象把握本质，在众多纷繁复杂的问题中找出重点问题和关键问题，从而牵一发而动全身，引导一系列的理论和实践问题的突破。

马克思曾经说过："问题就是公开的、无畏的、左右一切个人的时代声音。问题就是时代的口号，是它表现自己精神状态的最实际的呼声。"现阶段，大学生思想政治教育状况不容乐观，思想政治教育工作者的队伍建设也有待进一步加强。而在大学生思想政治教育工作者队伍建设中，辅导员队伍建设更是机遇和挑战并存。虽然在国家政策、学科建设、职业发展等方面能够普遍认同辅导员职业化发展的基本取向，但是在现实中，辅导员职业化发展仍旧面临着诸多的瓶颈问题。无论是从社会科学研究总体趋势出发，还是从辅导员职业化发展的现实困境出发，辅导员职业化发展研究都要坚持问题意识的基本导向，在发现重要问题、解决关键问题的过程中逐渐改变辅导员职业化发展的现实困境。而在这一过程中，需要自觉运用交叉学科的知识、思想、方法和手段，更好地服务于大学生思想政治

教育的创新研究。

（四）以辅导员职业双重身份为起点，开展相关领域的交叉研究

从辅导员职业发展的历史进行考察可以发现，辅导员双重身份的规定既是历史发展的结果，也是新时期职业发展的一个逻辑起点。辅导员的双重身份既是大学生日常思想政治教育工作的实践需要，同时也标志着辅导员由于专业化程度较低还不能形成独立的职业。在明确辅导员职业化发展目标、确定基本发展思路的情况下，需要审时度势，解决职业化发展中的主要问题和难题。在现阶段，辅导员专业化程度较低，极大地制约了辅导员个人能力的提升，也严重影响着外部对辅导员工作的认可，成为阻碍辅导员职业化发展的瓶颈。

在辅导员专业化发展水平低的现阶段，更多的是要寻求保障性和发展性的因素，为辅导员专业化发展创造良好的环境和条件。辅导员独特的职业身份应该是辅导员专业化充分发展后的必然结果，如果现阶段一味强调辅导员独特的职业身份，只能是欲速而不达。从这个角度思考，辅导员双重身份正是党和国家从大局、从长远出发为辅导员专业化发展做出的政治保障。现阶段，辅导员无论在物质报酬、职称系列还是社会认可、职业发展方面都比以往得到更多的支持和保障，而能够有效推动辅导员职业化进程的其他发展性要素还需要在实践中不断探索。以辅导员的教师和管理者的双重身份作为研究的逻辑起点，开展教育学和管理学的学科交叉研究，正是基于上述思考的一种尝试。

二、教育学中的教师专业化及专业要素理论

在教育学领域，对于教师专业化已经形成了一定的理论成果。借鉴教育学的专业要素理论，与辅导员具体实践相结合，全面解析辅导员专业化意蕴和辅导员的专业要素是十分必要的。

（一）教师专业化的发展历程

无论是中国还是西方国家，教师都是古老的职业。但是从中西方教师的发展历程来考察，教师的专业化建设是在工业文明发展到一定历史阶段才出现的。中国虽然自古以来就有尊师重道的传统，但是纵观中国古代的教师，其社会意义更多地体现于工具价值而不是教师的自身价值。教师作为"传道"的载体，在维护统治阶级利益、传播阶级社会等级观念等方面发挥着重要作用。在中西方传统中的"兼职"教师模式中，教师专业化发展的内在需求是不会出现的。随着现代社会的发展变迁，特别是"二战"以后对人才培养的需求，使得教育发展和教育质量成为社会各方面关注的焦点，教师专业化得以产生和发展起来。

1966 年，联合国教科文组织发表的《关于教师地位的建议》明确提出："应把教育工作视为专门的职业，这种职业要求教师经过严格的、持续的学习，获得并保持专门的知

识和特别的技术，它是一种公共的业务。"这标志着教师专业化运动正式启动。进入 20 世纪 80 年代，教师专业化研究进入实质性阶段。美国霍姆斯小组于 1986 年、1990 年和 1995 年分别发表《明天的教师》《明日之学校》和《明日之教育学院》报告，彰显了教师专业发展的时代价值，引领专业领域内对教师专业标准、权利与责任、教师伦理展开深入讨论，推动教师专业化运动在实践层面广泛开展。

（二）教师专业化的内涵演变

教师专业化的内涵在不同的历史发展时期有着不同的表现形式。从 20 世纪中叶开始，初期的教师专业化内涵体现为特质模式，专业群体通过对知识的垄断获取独特的专业地位，通过专业组织的发展履行专业责任。20 世纪 70 年代以来，教师专业化内涵体现为权力模式。在权力模式中，特质模式中的专业知识、专业理想和专业组织等要素都被看作教师专业和其他专业获取权力资源的手段，只有国家政策的支持和法律法规的明确才能保证教师的专业自治，并在与其他专业享有的资源差异中凸显教师的专业特质。20 世纪末，教师专业化内涵体现为环境模式。该模式在认同特质模式和权力模式的主要内容基础上，更加强调立足于教师专业的独特性，并在与政治、经济、文化、历史等外部环境要素的互动中进行考察。在深化认识教师专业化内涵的过程中，教师专业化的发展集中于理智取向、实践—反思取向和生态取向。

（三）教师专业化的发展

伴随着高等教育大众化的发展和学生人数的增加，高等教育和学术专业在教学科研中掌握了更多的社会资源。为了与高等教育大众化相适应，西方学术专业逐步摆脱了一直以来的宗教、国家及其他外行控制，成为社会上的关键性专业，形成了内部的自治特权。在 20 世纪中期，英、美等高等教育强国的学术团体的专业化程度和社会性影响达到了历史新高度。随着高等教育改革逐步推进，教师专业化的危机也逐渐体现出来，具体表现为知识生产的商业化倾向日益严重；学术专业需要在不断变革的社会和高校环境中寻求发展和突破；需要在日益严峻的高校竞争和日益多样化的学生需求中保持学术专业的特性；需要在不断改革的教师评价体系中强化教师的专业主导地位；需要加强学术专业和外部系统要素的互动。

在现代化语境中，教师专业化的发展和现代性社会的内在冲突更加明显，具体体现在知识论基础上科学知识对人文知识的压抑、在权力资源分配中行政权力对专业权利的侵占。教师专业化在人文理念缺失、教师专业自主权受到挑战的环境中，专业技能化趋势明显，教师作为专业群体的独特地位和权威形象受到严重影响。21 世纪初期，美国甚至出现了教师发展"去专业化"的呼声和趋势。在高等教育质量日益受到质疑的时代，美国也对教师教育产生了更多的不信任，其相关政策进一步强化了教师发展的"去专业化"倾向。

（四）教师专业化的专业要素理论

有研究者对"专业"所表达的职业做了如下界定："综合专业社会学领域内许多学者的意见，作为一个科学术语，专业（profession）被看成一个富有历史、文化含义而又变化的概念，主要指一部分知识含量极高的特殊职业。"

陈伟借助韦伯的"理想类型"方法论，从教师专业化研究论域出发，详细阐述了西方大学教师的神圣化特权、西方大学教师的专业化变革、西方学术专业的基层建制和身份模式，并遵循历史和逻辑的统一性，从职业发展、伦理规范、繁衍机制、服务承诺、专业组织、合法化、专业自治七个方面对学术专业的专业要素进行了系统的界定。辅导员群体作为教师群体中的一个学术部落，应该以教师专业化的专业要素理论审视自己，根据自身的实际状况有步骤地推进专业化建设。

第二节　应用教师专业要素理论解析辅导员职业化

在经济全球化、现代化的时代浪潮中，标准已经成为专业的另一个代名词。辅导员所从事的学生教育管理工作没有得到广泛认可的重要原因之一就是没有科学严谨的专业标准体系。因此，树立标准意识应该成为辅导员群体的普遍共识，通过借鉴教师专业要素理论，结合辅导员队伍建设实际，逐步打造辅导员专业化标准，从根本上提升辅导员工作的内在价值，并逐步获得自身的认可、学生的认可、高校的认可及社会的认可。

一、辅导员职业化应用教师专业要素理论的基础

（一）辅导员归属教师身份但身份模糊

谈到辅导员，不能够离开高等教育系统，不能够脱离高等教育活动的基本规律。作为教师群体中具有个性特征的职业群体，辅导员应该参照教师专业化的发展，借鉴教师的专业化相关理论，推进辅导员的职业化进程。依托国家政策认可的教师身份，辅导员在日常教育实践中履行教育学生的职能，在教学体系中承担思想政治教育理论课、心理健康课、就业指导课的授课任务。然而在中国高校环境中，辅导员的教师身份未得到普遍认同，辅导员的专业能力常常受到质疑。在如此严峻的发展环境中，辅导员职业化需要充分借鉴教师专业化的理论，明确辅导员专业化发展的标准，以专业标准的意识塑造培育职业化辅导员队伍。

（二）辅导员职业化与教师专业化的发展背景相似

西方关于教师专业化的讨论是在西方高等教育进入大众化阶段才开启的，辅导员职业化作为高等教育大众化阶段凸显的重要命题，与教师专业化具有相似的社会教育背景。教师专业化，特别是西方教师专业化的发展已经形成了相当的研究成果，在辅导员职业化中接纳吸收教师专业化的理论，一方面，可以从更加开阔的理论视野理解辅导员职业化进程，寻找更加适合中国国情和时代发展的辅导员职业化建设道路；另一方面，通过对教师专业化特别是西方教师专业化过程中已经出现的危机和矛盾的分析，在借鉴的基础上采取适宜的前瞻性措施，有利于更加科学地构建辅导员职业化的理论和方法体系。

二、辅导员职业化应用教师专业要素理论的具体内容

作为一个特殊的学术群体，辅导员一方面要体现出学术专业普遍性的要求，按照教师专业化的基本规律不断完善辅导员职业化发展的体制机制；另一方面也要体现出辅导员职业的特殊性要求，在借鉴的基础上，不断总结有特色的辅导员专业要素。按照普遍性和特殊性相结合的原则，参照教师专业要素理论，辅导员专业要素具体体现在以下几个方面。

（一）时间要素

这是专业性职业的基本要求和最显著的客观特征之一。从事其专业的人应该和专业服务对象形成合法稳定的关系，全日制参与工作，且以工作收入作为主要收入来源。从最基本的含义来说，专业性职业是专业人士的安身立命之所。这里不仅指现时的时间限制要素，更指向未来的职业发展道路，是对从业人员长期的约束和要求。时间要素在保证专业个体稳定和长久发展的同时，也为专业群体的稳定和长久发展奠定了必要的组织基础。

在高校具体实践中，辅导员既包括专职辅导员，也包括兼职辅导员。这和辅导员的历史发展和社会、高校的具体情况密切相关，也是辅导员职业化过程中的特定现象。随着高等教育大众化的发展和国家人才战略的实施，大学生的全面发展被提到了关系社会主义建设和中华民族伟大复兴的历史新高度，国家对于人才培养给予了积极关注和重大扶持。在这样的社会背景下，高校原有的学生管理体制也在不断改革完善，辅导员职业化成为加强和改进大学生思想政治教育工作的重要保障。由于兼职辅导员身份在学生发展和自身发展上的矛盾难以解决，传统意义上的兼职辅导员正在逐步退出历史舞台，专职、全日制辅导员成为辅导员队伍的中坚力量，辅导员职业化已经形成共识。

综上所述，从专业性职业的时间要素来说，辅导员专业群体还是处于"正在进行时"的发展状态，辅导员专业化发展的道路还很漫长。

（二）组织要素

专业群体作为一个组织化结构，会依托官方组织或者各类专业组织，如行业协会、学会、联合会等方式进行专业群体的组织运作。古德认为，专业社群具有以下特征："（1）它的成员由一种共同的身份所维系；（2）任何成员一旦加入专业社群，很少有脱离者，因此这是一种终身性或持续的身份；（3）它的成员共享某些价值观念；（4）它对于成员和非成员的角色确定是互相认同且全体一致的；（5）在社群行动领域中存在着共同的语言，这种语言对于外行而言仅能部分理解；（6）社群对其成员拥有影响性权利；（7）社群的局限性——虽然不是物质的或地理的，而是社会的局限性——非常明显；（8）专业社群虽然不从生物学意义上生产下一代，但它通过控制专业受训者的选择、通过控制新成员的社会化过程和训练过程而在社会学意义上控制专业社群下一代的生产。"在专业社群中，大学教师作为特定的学者社群，除了具有上述的专业社群组织特征之外，在实际的专业组织运行中主要依托两种组织模式。一种是以学科界定的专业学会或者协会，归属同一学科的学者在专业学术交流中成立专业组织。伴随着"科学无国界"的普遍共识，伴随着网络技术的飞速发展和技术支持，跨国界的学术交流日益普遍，国际化的"无形学院"在学科的交流广度上提供了重要的组织支撑。在实践中，高校特聘教授通常是外籍人士，但是由于其在该学科领域的影响力，其能力和学识可以在世界各地被高度认可，这也是"无形学院"组织力量的重要体现。另一种是以学术人员为管理服务对象的协会，如中国青年教师协会，它对青年学术专业人员提供相应的管理和服务。

高校辅导员群体作为专业群体，特别是学术专业群体的建设还处于起步阶段。虽然辅导员具有教师身份并且按照教师入职要求考取教师资格证书，但高校辅导员的学科背景不强，且自身的专业组织也刚刚起步，极大地约束和阻碍了学术交流的广度和深度，极大地限制了学术生产力和同行评估制度的推进，很难形成内部权威和学科话语权利，在与其他学科和外部系统交流和沟通的过程中没有对等的组织力量。

教师专业化的组织核心就是学科的建设和发展。作为教师，高校辅导员、其他专业教师甚至和思政理论课专业教师都是沟壑分明的。没有学科组织的发展，没有学科的精神家园，缺失学术主体性和学术生产力产生的场域，辅导员群体难以产生自身对学科的认同，对教师职业的认同自然也无从谈起。同时，由于没有学科组织的有力支持，辅导员群体缺失了和其他专业学术团体平等对话的话语平台和话语权，使得高校内部其他专业学术团队对辅导员群体的教师身份和教育实践不了解、不认同。高校辅导员在与外部系统相关群体交流的过程中，没有自己的话语权，不能够彰显自身学科的独特性和社会价值，不能够将学科的科研和实践成果以适当的方式传递到其他社会群体中，因此，很难得到社会各方面的认同。

辅导员教师群体日常工作的综合性、实践性常常解构了其专业性。只有高校辅导员在学科组织上获得发展，确立相应学科组织的社会地位和学术权威，辅导员作为教师群体的专业性才具有深厚的组织基础。

（三）伦理要素

专业群体作为一个职业群体，需要以利他主义为宗旨。专业群体尊重保护服务者利益的伦理规范体系有利于内部达成基本共识，更可以通过内部修炼实现社会声誉的提升和社会地位的稳定。但是，由于专业群体在服务社会、服务消费者的过程中会以利益群体的形态出现，利益群体自身的利益保护机制会倾向于自我保护主义和对专业资源的垄断。这种深深根植于专业群体内部的矛盾必然会形成专业群体对外和对内的两种张力。只有通过伦理规范的约束，通过对群体和个人的世界观、价值观进行改造，这两种张力才能达到平衡，保证专业群体的社会地位，也保证其合法利益的获取和对专业资源的合理性使用。

辅导员群体作为教师群体的一部分，其伦理道德规范可能比其他专业性职业更加重要。因为，教师群体更多的是关注人的内在素质，辅导员群体更是直接关注如何培养人的思想政治道德品质。和传统职业相比，教师更类似于西方牧师的职业，倾向于改造人的主观世界，提升人的内在修养。

辅导员群体的伦理规范要求包括两个基本层面：群体的规范性要求和个人的行为表现。美国高校人事协会的道德规则和规范宣言为辅导员工作提供了一定的借鉴和参考。该宣言指出，学生事务专业人员的道德规则包括如下方面：

1. 利他行为。促进学生在社会、身体、学业、道德、认知、职业和人格方面健全发展；以发展的眼光看待高校整体教育进程和学习环境；为高校功能有效运作作出贡献；提供与这个规则一致的计划和服务。

2. 推进公正。学生事务专业人员致力于为学术共同体的所有个人保证基本的公平性。在追求这个目标的过程中，公正、平等、互惠是基本准则。当资源有限，或共同体成员利益出现冲突时，需要诚实公平地考虑所有人的需求，对公共产品和服务进行公平分配。提高公正性的关键在于对人的差异性的尊重，反对非宽容、偏执的行为。

3. 尊重自主性。学生事务专业人员应尊重并提升个体的自主性，保护隐私。应保证学生的自主选择和行为不受影响，除非他们的行为严重影响到他人的利益或者妨碍高校使命的完成。

4. 忠实。学生事务专业人员是诚实的、信守承诺的，在行使他们的职责时是值得信赖的。

5. 杜绝伤害。学生事务专业人员不会参与伤害他人生理或心理的活动。除了保证自己的行为之外，学生事务专业人员还特别警觉，以保证高校的政策没有阻碍学生从已有的环境中获得学习经验的机会，威胁个人的自我价值、尊严和安全感，不公正或非法歧视。

从上述描述中可以感受到学生事务专业人员对于学生个人权利和利益的尊重，学生事务管理人员和学生之间是一种平等的关系。在学生事务管理工作方面，各国之间存在着共性的问题，这也为辅导员借鉴其他国家的学生事务理论和实践经验提供了可能性。但是学生事务管理工作又和各国具体的历史、文化、政治传统和现实紧密联系，因此在借鉴的同时要充分考虑这些因素，争取把握共性的因素，再结合本身的问题实事求是地进行分析。

在中国，高校辅导员作为学生教育的管理人员，其工作不仅仅是一份社会职业，更要和国家的政治需要、发展要求紧密结合在一起。虽然辅导员和学生在法律上是平等的，但是在辅导员的工作定位和工作愿景中，组织者、实施者、指导者、人生导师的提法实际上都代表了一定的权威。这种权威在特定的文化传统和管理机制中，处于利益各方都可以接受的水平。因此，专业群体需要同时承担社会导向和国家导向的服务承诺，辅导员道德规范和伦理要素中要充分体现社会导向和国家导向的双重特征。

（四）认识论要素

知识和教育指的就是专业的认识论基础，这是所有专业群体的重要特征。专业的外在形式多种多样，就如同会计师使用借贷记账方法、医生进行望闻问切一样，相同点是专业都需要利用理性和学问去理解和解决问题。和其他专业群体相比，教师学术专业群体的认识论基础尤为重要。学术专业教育研究机构的首要职能——保存、传播和创造知识正是彰显其认识论基础的重要证明。围绕着认识论基础，追寻着理智的魅力，专业群体特别是学术专业群体对科学研究有着孜孜以求的态度。和传统的家庭传承式的专业化相比，现代社会已经形成了社会化的专业繁衍发展机制，从而不断维护和创新群体赖以存在和发展的认识论基础。大学阶段的体制化教育是学术专业人员培养不可或缺的重要环节。一方面是因为大学教育是准备性社会化的重要阶段和标志；另一方面，高等教育已能够为专业科学知识和技能体系的系统化（发展成课程）、结构化（组合成专业课程体系）、合法化（课程或课程计划获得权威或社会认可）以及传承等提供必要且充分的服务。在某种程度上，高等教育机构介入专业人员繁衍过程的力度和深度，能相对明确地反映出该专业的成熟程度和社会认可程度。

辅导员职业化发展的历史比较短，内外部认同程度比较低。其中，认识论要素是非常重要的一个影响指标。就专业而言，认识论基础就是生命力，就是说服力，就是社会信任度。认识论基础客观上要求学科的良性上升和专业的繁衍发展两个要素的有机结合。两者相互独立，又相互依存，互相作用以共同发展。学科的良性上升发展可以夯实学科的理论基础，增进学科的理智水平和对人类社会深层次的探索性认知，促进专业人士的科研水平；专业繁衍发展的科学机制可以向社会领域输送合格的专业人士，促进专业的社会认可度，增进专业的权威，为学科的发展赢得良好的社会外部环境和内在精英参与的动力。

辅导员群体所依托的学科是思想政治教育学科，近年来取得了长足的发展。而辅导员专业的繁衍发展机制还在酝酿阶段。具体来说，从事辅导员职业的人员教育背景多元化，来源渠道多样化，发展路径差异化。辅导员从业人员的上述特征淡化了专业繁衍发展机制的内在要求，泛化了辅导员专业的专业特征，使得辅导员的专业化受到严重冲击，认识论基础遭到忽视和破坏。虽然，在党和国家的重视下，辅导员的岗前培训和在职培训的力度已经大大加强，对于提高辅导员的专业化水平具有重要的意义，但是培训并不能够真正代替系统的教育，辅导员专业化的认识论要素更需要系统的教育体系来打造。可以说，认识论基础是辅导员职业能够安身立命的核心要素。专业人士能够做的事情必须经过相当一段时间理论和实践的学习和考验，能为服务对象带来独特的教育体验，而这种教育效果和个人的认识论基础密不可分。

（五）服务承诺要素

学术群体的服务承诺是职业特征的具体体现。在不同的历史发展阶段，学术群体的服务承诺具有不同的表现方式。从历史的发展脉络来看，学术群体服务承诺要素的分量在不断加重。

在大学的萌芽时期，通过教学活动培养人才是学术群体提供专业服务的主要形式；随着现代大学制度的逐步确立，人们对专业的认识论基础达成了共识，科学研究成为学术群体的内在逻辑要求，科学研究和教学功能有机组合；随着实用主义观念的渗透，社会服务成为学术群体的重要功能之一。学术群体的服务承诺在某种程度上意味着社会责任的增加，但是由于在认识论基础上的服务双方具有较大的落差，服务对象常常不具备理解和评估专业的基本能力，如同病人相对于医生的诊断一样，因此，在服务承诺的具体落实上，学术群体的集体自觉和个人自觉是非常重要的。集体自觉意味着在专业组织的科学管理下，所有专业从业人员能够形成与本专业共生共荣的集体意识，并将集体共识逐渐转化为集体常识，从而不断提升专业水准；个人自觉更多的是体现学者本人的知识探索和精神追求。学术工作首先是学者谋生和获取物质资料的手段，但不仅限于此，它还是从业人员的事业，是为事业献身的精神，即无法数量化的内在责任。

辅导员群体的服务对象和服务领域都是明确的，即服务于大学生的成长发展，具体为思想政治、道德、心理、就业等相关领域。在传统的教学和科研的服务承诺中，辅导员的实践性承诺要素显现在重要的位置。因为，辅导员的很多工作场域都是在特定的实践性教育情境中完成的，如班级活动、党团活动、第二课堂实践与社会实践。人的发展是连续性的和全方位的，基于这样的理论假设，教学活动虽然在人的知识积累、能力塑造方面发挥着不可替代的重要作用，但是对于人的全面发展是不充分的。从时间角度来说，单纯的教学活动具有片段性的特征，和人连续性的生命活动具有内在的矛盾；从领域角度说，单纯的教学活动具有特定的内容和功能，和人全方位的发展要求存在着不可调和的冲突。对高校辅导员来说，其工作重心就是要和教学单元充分融合和配合，功能互补，达成服务承诺要素。

在服务承诺要素中，学术群体的集体自觉和个人自觉对于辅导员群体有着特殊的意义，一是专业组织方面的初始状态，使得学术群体的专业规则还没有形成，集体自觉意识还处于蒙昧状态；二是在个人自觉方面，在辅导员访谈中会发现很多辅导员谈到"这是一份良心活"，说明辅导员的个人自觉也是处于比较基础的阶段。由于没有比较行之有效的工作评价标准和机制，没有科学合理的学生发展评估机制，辅导员的工作很难得到量化计算，很难得到普遍认可，这也影响了辅导员群体的自我认同和自我实现。辅导员这种难以量化的工作和其他学者群体无法数量化的内在责任具有本质上的差别。因为，后者的内在责任是指在学科基础体系已经建立的情况下，对于真理知识的不懈探索，指向知识的发展空间；而辅导员这种难以量化的工作，更多是因为学科基础的不充分发展，使得辅导员没有可以凭借的技术方法和管理途径。由此可见，从服务承诺要素这个角度来说，辅导员专业化发展的道路还很漫长。

（六）支持认可要素

国家、政府、主管部门、社会公众的认可是专业存在和发展的合法性基础。但是，由于专业群体是在社会系统环境中运作，除了社会群体，其他相关利益群体也会成为支持认可要素的组成部分，如工作协作群体、其他专业协会、教育训练机构等。

外部主体的支持和认可深刻影响着专业群体的生存和发展。社会认可保障了学术专业群体的合法性。在历史上，教会、国家、政府都为学术专业提供过合法性的必要基础。西方学术专业从宗教合法性、政治行政合法性到法律合法性的发展，德国、美国在高等教育发展过程中对于立法的重视，可以为我们提供很多借鉴。在中国传统文化发展的基础上，在建设社会主义法治社会的中国，政治行政合法性和法律合法性是学术专业开展活动必须要重视的基本要素。

同行评估认可是重要的支持认可要素。因为外部权威认可一般不能够直接触及本学科的认识论基础，而学术专业群体从自身的长远发展角度考虑，都会建立自身的评价监督体系——同行评价机制。同行评价机制在评估发展认识论基础的同时，也会制定严格的监督制约体系，以维护学术专业的特权地位和社会声誉。

消费者认可也是支持认可要素的组成部分之一。学术专业以自身的专业特性服务于不同的消费者群体，在市场经济条件下，消费者的认可直接或间接地影响学术专业的发展。举例来说，高校各专业就业情况作为消费者对于高等教育消费投入的重要参考指标，在很大程度上影响着专业的未来。对于连续评估不佳的专业，学校会考虑逐渐减少招生人数，原有专业人员要逐渐分流转岗，如果市场情况继续低迷，还有可能合并专业或者取消专业。因此，学术专业群体虽然是思想自由的群体，但并不是在各方面都可以无拘无束的。从维护学术专业整体利益的角度看，学术专业群体和个人都担负着重要的社会责任和专业责任。

按照上述的支持认可要素分析辅导员群体，会发现情况并不乐观。在社会权威认可方面，辅导员群体虽然在国家、政府层面得到了相当程度的重视，特别是《关于进一步加强和改进大学生思想政治教育的意见》（以下简称《意见》）颁布以来，教育部、各省市在推动辅导员队伍建设方面都采取了很多重要举措，营造了良好的发展氛围，使辅导员专业群体的政治行政合法性和法律合法性得到了巩固和发展。但是社会权威认可作为自上而下的力量，却没有得到辅导员群体内部的呼应，这样一种失衡的状态，常常会使很多政策无法落地或者落地无声。因此，辅导员专业群体的自身发展成为重要的环节，同行评价机制的确立和发展也将成为维护其专业地位的重要举措。

消费者认可这个因素对于辅导员群体来说，也具有一定的挑战性。得不到大学生的普遍认可，辅导员群体的社会声望也就无从谈起。但是在毕业生离校问卷调查中，谈到大学校园里对他们影响最大的人的时候，选择辅导员的比例非常低。由于辅导员工作的综合性解构了专业性，学生本身感受不到专业力量的影响。大学生虽然和辅导员关系密切，但在专业层面上并不是非常了解和高度认可辅导员的工作，其根本原因还在于辅导员专业群体的自身发展。因此，自力更生，从完善和发展自身做起，打造辅导员专业群体的专业特质，将是辅导员专业群体突破困窘境地的关键抉择。

（七）专业自治要素

学术群体的专业自治作为学术群体的专业特点，能够以自己独有的认识论基础和专业判断赢得声望，并且可以使从事学术研究的人能够享有比其他专业更加自由的精神王国。正是因为具有这样与众不同的专业特点，学术研究队伍才能够吸引更多的青年才俊和杰出人士。毕竟，在市场经济规律下，物质收入和精神感受都是选择就业的重要影响因素。在物质收入方面，学术研究并没有特别的优势和市场回报率；但是从精神层面来讲，从事学术研究的人士可以获得巨大的精神自由、较高的社会地位和充分的自我认同。教授治校的现实虽然还没有完全实现，但是在高校具体实践中，尊重教师的意见和选择还是形成了普遍的共识，人们认为应该为教授们保留尽可能大的自治天地，应该允许教授们选择自己的研究课题和实施研究的方法。

学术群体的专业自治主要体现在专业服务领域的充分自主、拒绝外行的干涉、学术上的自由、稳定的工作聘用机制及拥有终身教职。学术群体自治特权的权利来源于以下几个方面。

第一，知识资本。在资本时代转向知识资本时代的今天，知识资本越来越受到市场的垂青和人们的眷顾。知识资本和物质资本一样，在市场经济条件下可以得到评估和回报，由于学术群体要在严格的系统教育中产生，知识资本成为独特的社会资源。在科技就是生产力的时代，这种社会资源是经济财富和社会财富的重要发动机和孵化器。

第二，评价制度。学术群体在横向的评价制度和纵向的评价制度中发挥作用。横向评价制度就是同业评估制度，它维护的是自治特权的知识论基础；纵向评价制度指的是学术专业群体在本专业管理范围内，通过考试、论文答辩等方式进行的考核性评价，这种考核性评价经常和某些资源获取和利益分配机制紧密结合在一起，从而具有广泛的影响力。横向的评价制度和纵向的评价制度将内在和外在的权利整合起来，形成其维护专业独特地位的综合合力。如果将学术专业群体比喻成生产者的话，那么通过评价制度可以保障学术专业的生产力和人才培养的合理标准和质量。

第三，文化社会心理。中国重视学术专业群体的文化心理可以说是源远流长的。从文化传统角度来说，文化传统将师道尊严提到了相当高的权威地位，"唯有读书高"在千年来的文化传承中已经积淀为中国人的文化心理，中华民族尊师重道的传统深刻地影响着个人的选择。从现实需求出发，高等教育的象征性意义和实质性影响在我国人才培养中发挥着不可替代的作用。从刚刚恢复高考的"千军万马过独木桥"到大众化教育的今天，高等教育一直发挥着重要的社会作用。如今，高等教育已经承担起全方位的社会责任，成为各行各业内涵式发展的智囊，担负起培育社会良知的任务，为现代化发展培养各行各业的人才。高等教育虽然没有直接促进生产力的发展，但是高等教育及其学术团体提供的智力支持和精神引领、真理探索将是国家社会发展的重要航标。在传统和现实的交织影响下，中国人对高等教育已经沉淀为一种内心敬仰和现实选择。这是高等教育及其学术群体可以享受专业自治的社会环境和公众信任。

学术群体自治特权的表现方式体现在个体和集体两个层面。在 20 世纪初期以前，学术自治主要体现为个人自治，而随着学科的进一步分工细化，单打独斗的状态已经远远不能够适应学科建设发展的需要，学科研究团队应运而生，在学术自治权呈现集体运作特点的同时，学科研究的领域进一步细化，内涵进一步深化，专业化程度进一步加强。

参照学术专业自治要素，辅导员群体还有较大差距。辅导员在认识论基础比较薄弱、同业评价机制还很缺失的状态下，还不足以产生足够的社会影响力，也不可能拒绝外在干涉。至于学术上的自由，现阶段，辅导员在非常宽松的政策环境和相对支持的高校环境中，学术研究的自由是有的，但是由于辅导员工作的事务性、综合性等特点，他们没有更多的时间和精力进行相应的科学研究，对于学术研究更多地呈现零散化、随意化的自发特征。这种消极的学术自由对于学科的贡献价值不大，对于个人的学术成长也不利。这是辅导员专业发展不可避免的一个阶段。如何借鉴学科普遍的发展规律，并在体制、机制建设上进行合理规划，促使辅导员的学术自由不断由个体化的自发状态过渡到组织化的自觉状态，是值得思索的问题。

专业自治所要求的工作稳定性因素对于辅导员群体现状而言也有着巨大的落差。由于辅导员职业化发展道路并不明朗，辅导员的职业认同感并不强，很多辅导员都想工作一段时间后过渡到其他的党政管理和教学研究岗位，对职业发展没有长久的规划，缺乏辅导员专业研究的基本动力。敬业才能爱岗，如果辅导员职业不能够为从业人员提供完整的职业发展道路，从业人员即使用心努力也不能够在职业的发展过程中获取物质满足和精神满足，也不可能寻找到自我实现的境界，那么辅导员职业对于从业人员，特别是优秀人员的吸引力会大打折扣。针对这种情况，国家及相关部门出台了很多政策，改变了以往很多文件中提到的"专兼结合，以兼职为主"的辅导员队伍模式，明确提出了辅导员职业化、专家化的发展道路。

从上述专业要素的分析中可以发现,从教师角色的视角出发,辅导员的专业要素相对于成熟专业来说还有着较大的差距。而在这些要素中,学科建设、专业组织建设等主要问题必须要加以解决。只有抓住辅导员职业化发展的主要问题,解决主要矛盾,辅导员的职业化才能实现科学发展。

第三节　应用管理者职业化胜任素质模型理论解析辅导员职业化

随着工业社会的变迁,西方国家的职业管理者群体形成了相当的规模,承担着专业的管理职能。特别是在管理科学迅速发展的时代背景下,职业化管理者已经逐渐从营利性组织扩展到非营利性组织,管理者的服务领域日益具有普遍性,管理的科学化、专业化要求日益突出。在我国,随着市场经济的发展,管理者职业化的问题在 20 世纪 90 年代中后期被普遍关注。

辅导员作为管理者的身份定位,客观上要求辅导员在职业化的过程中遵循管理者职业化的基本规律,规避管理者职业化发展中出现的普遍问题。管理者的素质在管理者职业化中具有重要意义。在传统的思想政治教育者素质理论中,素质要素缺乏层次性和情境适用性,"大而全"的素质要求实际上泛化和淡化了素质要求。思想政治教育者的传统素质理论需要不断完善。而在管理者职业化理论中,胜任素质模型理论兴起,对我国思想政治教育者及辅导员素质理论的建设具有重要的参考价值。

一、辅导员的传统素质结构

素质是人们在一定的生理条件和社会生活条件基础上,通过教育培养和个人实践积累起来的稳定的内在品质。20 世纪 80 年代至 90 年代初期,思想政治教育工作人员的素质主要归结为"二要素论""三要素论""四要素论""五要素论""六要素论"。随着思想政治教育学科的发展,思想政治教育工作人员的素质研究工作得以进一步深入。其中,张耀灿、陈万柏主编的《思想政治教育学原理》将思想政治教育工作人员素质归纳为"九要素论",从政治、思想、道德、法律、知识、能力、创新、心理和身体九个方面进行了阐述。辅导员是高校思想政治教育工作人员的重要组成部分,"九要素论"是指导辅导员素质开发的理论基础。以下的辅导员素质解析正是依据"九要素论"展开的。

(一)政治素质

政治素质是"一种特殊的素质,是人们为实现本阶级根本利益而进行各种精神活动和实践活动的特定品质"。"政治素质是教育者从事思想政治教育活动所必需的政治条件和政治品质，是教育者的政治立场、政治观念、政治品德、政治鉴别力和政治敏锐性的综合表现。"政治素质主要包括政治立场、政治信念、政治品德、政治水平、政策水平等要素。

在历史发展沿革中，思想政治教育工作一直是辅导员的主要工作，从"政治辅导员"的称谓中也可以很清楚地看出该项工作的主要任务和职能。随着社会的发展，高校大学生思想状态日益多元化，成才需求日益多样化，辅导员的工作外延日益扩大。即使是这样，思想政治教育工作仍然是辅导员工作中的重中之重。作为大学生的人生导师和知心朋友，作为高校学生日常思想政治教育和管理工作的组织者、实施者和指导者，高校辅导员在引导大学生树立正确的政治立场和政治信念方面发挥着重要作用。

良好的政治素质首先要求辅导员具有正确的政治立场和科学的政治信念，是一个真正的马克思主义者。这意味着辅导员要将马克思主义作为自己的信仰，真诚向往并在实践中切实履行马克思主义的基本要求。辅导员要认真学习马克思主义的基本原理，善于学习和钻研，不断提高马克思主义的理论水平，提高个人理论修养。这意味着辅导员要敢于并善于和似是而非的伪马克思主义及反马克思主义作斗争。在高校教育实践中，辅导员作为从事思想政治教育工作的教师和从事日常思想政治教育的管理者，必须以科学的马克思主义正确引导广大学生树立正确的政治立场和信念。

良好的政治素质要求辅导员要有良好的政治品德，能够将政治觉悟和个人修养紧密结合，能够将理论要求和自身实践紧密结合。辅导员要成为学生的人生导师和知心朋友，必须要严于律己，在政治、思想、学习、生活及其他方面发挥模范带头作用，做到学为人师，行为世范，树立自身的良好形象，充分发挥榜样作用。辅导员的政治品德在个人品德建设中占据着核心地位。良好的政治品德要求辅导员善于学习，在个人成长中进行反思学习，在学习型团队建设中进行团队学习，在实际工作中进行实践学习，在问题解决中进行经验积累的学习，不断提高理论认识水平。良好的政治品德要求辅导员善于实践，要在学生教育管理工作过程中真切地体现良好的政治品德，要实事求是地分析情况和解决问题，要按照"以学生为本"的理念进行工作规划和活动设计，要按照公开、公平、公正的工作原则处理学生事务，要真诚关心每一位学生在人生发展中遇到的困难和问题。只有让每位大学生深切地感受到辅导员良好的政治品德和公开公平、真诚友爱的工作作风，辅导员和学生之间才能够建立坚实的沟通基础，为工作的顺利开展创造条件。

良好的政治素质要求辅导员要有良好的政治水平，具有政治敏锐性和对学生思想、舆论状况的判断和预测能力。当今国际国内的政治形势和社会状况复杂多变，而大学生虽然思想活跃，信息渠道多元，但是鉴于大学生的年龄、阅历、心理等方面的特征，其对问题的分析判断常常是非理性的。这一切都要求辅导员要发挥积极的舆论引导作用，及时把握大学生中的热点焦点问题，引导并帮助大学生解疑释惑。辅导员不仅仅要具有正确的政治立场和科学的政治信念，也要广泛涉猎人文社会科学的有益成果，完善自己的知识结构，开阔自己的理论视野，提高分析问题和解决实际问题的能力，提高自身的政治水平。辅导员要善于用科学的世界观、方法论来科学合理地解释政治现象，使大学生相信马克思主义理论的科学性；通过集体讨论、案例分析、历史回顾等方式使大学生确信中国的选择是符合社会历史发展规律的，是符合人民利益需要的历史的选择，从而将传统灌输的教育方式转变为大学生自觉理解和自觉接受的方式。

良好的政治素质要求辅导员要有良好的政策水平，具有一定的策划、组织、管理和领导能力。辅导员平均每人带领200名学生，在部分高校，这个数字可能会是300或400。在这样的现实状况下，要完成首要的思想政治教育任务，科学设计学生组织、合理配置学生干部是关键手段，也是国家政策贯彻落实的重要途径。辅导员在班团、党支部的组织建设中发挥着重要的导向作用，要按照有利于个人和组织发展的原则，在民主集中原则的基础上，建立学生组织并制定组织规则，并经过充分的集体讨论和意见发表，最终形成大家共同遵守的公约；在干部选拔过程中，要尊重广大学生的意见，按照德才兼备的标准，通过公开、民主的选举进行干部选拔，选出学生满意且有利于工作开展的干部，从而有效配合辅导员的整体工作。

辅导员政治素质最直接的重要意义在于辅导员的政治素质直接影响到大学生的政治素质。辅导员是大学生日常思想政治教育工作的主要实施者，也是大学生在大学期间最熟悉的教师之一，辅导员的活动策划、组织安排、干部选任等各个方面都会引发学生利益格局的变化。大学生会切实体会到辅导员的工作作风和政治水平，对思想政治教育的认识从书面走向实际，会自觉思考什么是合理的，什么是科学的，自己应该信任什么，选择怎样的信仰。辅导员的政治素质归根到底体现在具体的活动和细节中，辅导员对大学生这种潜移默化的影响和导向是非常明显的。

辅导员是维护高校安全稳定的重要力量。无论是社会群体事件还是校园突发事件，辅导员都是走在最前面的人，在引导舆论、答疑解惑、问题解决包括善后处理等方面，辅导员都是重要的参与者和执行者。辅导员在维护高校稳定、保护大学生正当权益方面体现出的政治立场和政治表现将直接影响到大学生的政治认识，发生在自己身边的事件更容易促使大学生深入思考问题和做出自己的政治选择。

辅导员是指导大学生健康成长的引路人。大学生虽然已经成人，但是在高校应试教育体制没有根本改变的情况下，其在高校前阶段教育过程中的综合素质教育远远不够。大学生在大学阶段的个人适应过程和社会化过程是不能够逾越的，在此过程中，大学生会不同程度地面临问题，如学习方式的转变、人际关系的磨合、心理问题的解决、就业发展的问题等，而辅导员经常是帮助大学生认识和解决问题的第一人。辅导员的政治素质和工作作风、态度直接影响到大学生的心理感受，进而影响到大学生对于思想政治教育的认知和态度，影响到大学生的行为和选择。

因此，无论从辅导员的工作定位和职责要求，还是从高校学生的成长成才；无论从国家社会的安全稳定、社会核心价值体系的维护，还是从大学生对社会发展的重要意义来说，良好的政治素质都是辅导员最基本的、最重要的素质要求。

（二）思想素质

思想素质包括思想意识、思想观念、思想方法、思想作风等因素，涉及世界观、人生观的问题。辅导员的世界观、人生观科学与否，直接影响着大学生的思想素质教育的质量。辅导员的思想深度，决定了其进行大学生思想素质教育工作的深度。

辅导员要具备科学的思想意识和思想观念。人的一生中，在学习、生活、工作和社会实践等方面要面临各种各样的选择，如何进行选择，思想意识和思想观念发挥着重要的导向作用。当今时代，国际形势风云变幻，中国社会处于重要的转型时期和发展时期，辅导员要不断更新观念，与时俱进，树立反映时代要求的价值观念、竞争观念、法治观念、创新观念，以科学发展的思想观念指导做好具体的思想政治教育工作。辅导员在大学生的学习、生活、心理和社会实践方面都发挥着重要的教育指导作用。辅导员内在的思想意识和思想观念、辅导员的世界观和人生观，以及辅导员外在的具有一致性、稳定性的行为表现，都是直接影响大学生世界观和人生观形成的重要因素。

辅导员要具备科学的思想方法，能够多维度地全面分析、解决问题。如果说思想意识和思想观念的重要作用在于为正确认识和理解世界和人生提供价值上的判断和抉择，那么思想方法的重要作用就在于为解决世界和人生的诸多问题提供方法论上的指导和技术路径上的突破。首先，作为最根本的思想方法，历史唯物主义和辩证唯物主义发挥统领全局的作用，辅导员要全面、辩证地分析问题，抓住问题的主要方面，深刻认识事物的本质。其次，辅导员要重视问题的产生环境，从系统论的思想方法出发，分析影响事物发展的诸多因素。最后，辅导员要树立科学的思维方式。"思维方式是一个人思想素质的重要表现，在某种意义上决定一个人认识世界的能力。"只有不断创新思维方式，才能够调动人的最富有创造力的因素，为问题的解决开拓新思路、新视野。辅导员必须坚持历史唯物主义和辩证唯物主义的思维方法，坚持系统论的思想方法，掌握整体性思维、开放性思维、层次性思维和立体性思维，不断创新，才能够更好地解决工作中出现的新问题，才能够更加有效地指导大学生的全面发展。

辅导员要具备优良的思想作风，要民主平等、平易近人，真诚关心大学生的困难；要实事求是，研究规律，为大学生的成长发展保驾护航；要严于律己、宽以待人，以自己的实际行动赢得大学生的信任和认可。"作风是一个人在思想、工作、生活上表现出来的一贯态度和行为，是思想素质的重要内容和综合表现。"辅导员要继承军队建设中的政治指导员的优良传统，能够以高标准严格要求自己，悉心指导每一位大学生的学习、生活和发展，为高质量人才培养提供重要的组织保证。辅导员要以"全心全意为学生服务"为工作宗旨，坚持优良的思想作风，努力成为大学生的人生导师和知心朋友。

（三）道德素质

道德素质包括道德认识、道德信念、道德品质等，包括无私奉献、义务感、反省等。

辅导员工作的特点是隐性工作比较多，道德水平要求高。辅导员的道德品质和道德行为，对于处于成长期及世界观、人生观、价值观正在形成中的大学生具有重要的榜样力量和指引作用。辅导员高尚的道德品质和良好的职业道德修养可以发挥润物无声的教育引导功能。辅导员优秀的道德素质具体表现为四点。第一，全心全意为人民服务的道德观念。辅导员作为直接从事思想道德教育的工作者，其工作定位意味着更高的道德操守和更多的奉献牺牲精神。第二，热爱教育事业，尊重教育对象和教育规律。第三，具有强烈的社会责任感和职业意识，以身作则，无私奉献。辅导员作为思想政治教育工作者，特别是作为基层一线的教育引导者，必须严格要求自己，自觉践行良好的道德规范，真正成为大学生心悦诚服的领路人和人生导师。第四，清正廉洁，艰苦奋斗。辅导员在负责大学生的日常管理和综合评估等工作中，应该秉承民主、平等的价值原则，按照科学、规范、公开的要求加强对于奖学金、助学金、勤工助学、助学贷款等涉及学生重要权益的学生事务的管理，使学生在具体的高校实践中真正领会到价值原则和道德规范的强大力量。如果书本上、会议上灌输的是一套理论，而在实践中却是另一套做法，这不仅仅会对大学生造成理论上的困惑，更会影响教育者和教育理论的可信性和权威性，使得辅导员全方位开展工作缺失信任基础。因此，辅导员作为教育主体，必须时时刻刻加强自我教育，提高自我道德修养，这是有效开展思想政治教育工作的基本前提和必要条件。

（四）法律素质

法律素质包括法律观念、法律知识和依法行事。辅导员的法律素质体现为：一是辅导员要自觉树立社会主义法治观念，在日常思想政治教育工作中，能够坚持社会主义方向，坚持中国共产党的领导；二是辅导员要自觉贯彻平等自由观念，特别是在高校教育环境中，只有具备了平等自由的观念，才能够打造和大学生对话的语境和平台，这是实现教育目的的基本前提；三是公平正义是建设社会主义和谐社会的重要目标，也是维护高校稳定发展的基本原则，因此，辅导员在具体实践中要坚持公平正义原则，从而树立辅导员的形象和威信。

此外，辅导员的法律素质还体现为了解法律知识，能够依法行事。在高等教育大众化的时代，在市场经济环境中，高校和大学生之间的关系已经不是计划经济时代那种简单的管理与被管理的关系，特别是高校收费制度的实施，使得高校和大学生之间形成了服务契约关系。伴随着大学生主体权利意识的增强，高校的法治化、制度化和规范化管理也在不断发展。辅导员对于常识层面的、高校学生教育管理层面的法律知识要有明确的认知，并能够身体力行，在学习和实践中提高自身的法律素质。

（五）知识素质

知识素质包括基础理论知识、基础文化知识、专业知识和相关知识。辅导员工作是一项综合性、专业性、知识性很强的工作，具备良好的知识素质是胜任该项工作的基本条件。

第一，辅导员要具备比较系统的马克思主义基本理论知识。辅导员的首要工作职责是思想政治教育职责，马克思主义基本理论知识是科学开展思想政治教育工作的知识储备，较高的马克思主义理论修养是辅导员开展实际工作的基本功。第二，辅导员要具备比较广博的基础文化知识，如文学、美学、艺术、历史、地理、现代科技等。广博的知识可以增强辅导员的文化底蕴，提高驾驭知识的能力，拓展工作思路，可以形式多样地开展大学生思想政治教育工作，使教育工作更加富有感染力。第三，辅导员需要具备思想政治教育的基本理论和专业知识。思想政治教育学科的理论基础和方法体系是辅导员知识结构的重要组成部分。第四，辅导员需要具备相关学科的知识，特别是心理学、教育学、管理学、社会学、伦理学等。这些学科与思想政治教育工作具有千丝万缕的联系，辅导员要着力加强对于上述相关知识的理解和把握。

另外，知识结构、知识生成和发展理论对于辅导员知识素质的提升具有重要的意义。特别是在信息爆炸的知本时代，如何构建合理的知识结构，如何围绕个人发展进一步理解知识的生成和发展，在某种程度上既是重要的实践过程，更有着方法论上的指导意义。

（六）能力素质

能力素质是基本素质在实际工作中的综合体现。辅导员作为教育者和管理者的工作定位使得辅导员必须打造复合型的能力素质，才能够适应实际工作的需要。辅导员需要的能力素质主要包括三个方面：一是分析研究能力，主要包括调查研究能力和理论研究能力。一方面，辅导员能够运用观察、访谈、问卷调查等多种方法调研分析，并且通过分析总结经验，指导工作，深化和拓展学生工作内涵；另一方面，辅导员必须加强理论方面的研究，通过对思想政治教育学科及其他相关学科的主要问题和前沿问题的研究，提升自身的理论素养，锤炼思维方式，改善思维结构。二是计划、组织、协调、决策的能力，此类能力是辅导员作为管理者的重要特征。辅导员作为学生事务的管理者，必须具备相应的管理能力，并且可以在特定的教育情境中具体化，使得管理和教育两大支柱职能互相支持，共同作用，促进大学生的成长和发展。三是自我发展的能力。如果说前两者分别是从教育者和管理者的角度对辅导员的能力素质进行了比较具体的界定，那么辅导员自我发展的能力则是从主体角度规定的能力素质要求。只有充分发挥辅导员的主体性，才能不断提高辅导员的自我调控能力和自我发展能力。

（七）创新素质

创新素质具体包括创新观念、创新人格和创新能力。辅导员的创新素质直接影响大学生创新素质的培养。在世界多极化、经济全球化的社会背景下，国别之间的综合国力竞争更加激烈。而在综合国力的影响要素中，创新型人才是至关重要的因子。创新型人才的培养客观上要求辅导员要从观念、人格和能力三个方面不断锤炼创新素质。首先，辅导员要善于思考，敢于突破，能够根据学生发展的需要创新观念；其次，辅导员要具备良好的创新人格，在个人意志品质、心理能力、个性特征等方面能够和创新的内在要求相匹配；再次，辅导员要在认识和实践中发展创新能力，在认识层面进行思维创新，在实践方面开展活动创新。

（八）心理素质

心理素质在人的素质结构中发挥着重要作用，是其他各种素质形成和发展的重要基础。辅导员的心理素质具体体现为丰富健康的情感、宽厚良好的性格和坚定果断的意志。辅导员丰富健康的情感可以增进教育工作的感染力，情理融合更加富有说服力，可以激发学生内在情感的呼应，使教育工作更加具有实效性；辅导员宽厚良好的性格可以消除和学生之间沟通的障碍，增加师生之间的亲近感，使得学生敢于和愿意倾诉自己的苦恼，在和谐的人际氛围中释放压力；辅导员坚定果断的意志使得辅导员在解决各种学生问题和难题的时候能够保持良好的工作状态，坚持原则，妥善安排，用锲而不舍的工作精神赢得学生的尊重和信服。现阶段，大学生心理问题凸显，作为在一线从事思想政治教育工作的辅导员来说，辅导员的心理素质直接关系到大学生心理问题的有效解决。

（九）身体素质

"身体是革命的本钱"，朴素的话语却道出了真切的道理。人的一切主体性的发挥，人的一切聪明才智和创造力的发挥必须以良好的身体素质作为物质基础，否则，一切都将成为空谈。对于辅导员来讲，其工作特性决定了其要在与学生日常交往、指导学生实践、开展日常教育过程中消耗大量的精力、体力，因此辅导员要充分认识到身体素质的重要意义，在指导学生德、智、体、美全面发展的同时，要树立健康意识，选择适合自己的健康生活方式，使自己的工作开展和身体锻炼做到张弛有道，不断提高身体素质，保持个体良好的精神状态、身体状态和工作状态。

二、应用胜任素质模型整合辅导员传统素质结构的意义和原则

思想政治教育"九要素"理论简明扼要地概括了思想政治工作者所需要的基本素质，但是由于素质要素只是平铺陈列，要素之间的关系和结构并不明确，对于实际开展工作的针对性不强。在大力推进辅导员职业化发展的今天，需要在规范性描述的基础上提出更加有针对性的素质要求，明确具体的行为规范、行为表现和行为禁忌，并将素质要求和辅导员准入、培训、激励和发展等运行机制紧密结合起来，成为准入、培训、激励和发展工作的重要前提和基础，从而改变传统意义上辅导员素质要求大而全的状态，科学推进辅导员队伍建设。

辅导员的工作职责涉及教育学、管理学、心理学等多学科领域。传统素质理论主要立足思想政治教育学科对思想政治工作者的素质进行界定，缺乏交叉学科的视野。"随着管理科学的发展和进步，管理职业所服务的领域开始具有普遍性，从营利性组织逐步扩大到非营利性组织，同时管理者的职业也日益走向专业化，从而使管理者职业化成为一种必然的趋势。"从管理者的角度来讲，管理科学领域的成果可以为辅导员职业化提供很多理论上的借鉴和实践上的应用。管理科学特别是人力资源管理中的重要理论成果，可以进一步完善思想政治教育工作者的素质理论，不断拓展和深化对于高校辅导员素质的内涵理解，更加有效地指导高校思想政治教育工作的开展。

无论何种职业的职业化，最终都要体现在从业者的专业知识技能和道德伦理规范上。因此，管理者专业素质的构建和发展成为管理者职业化过程中的核心内容。管理者是否具有职业化素质，需要科学的资格认定的过程，如制定认证标准、建立评估程序、对管理者的专业知识技能和道德伦理规范进行科学的评估。辅导员作为从事思想政治教育工作的主体，其管理者的身份特征与具体工作中的管理职能是非常显著的。在管理科学中，管理者胜任素质模型在西方已经得到广泛的普及甚至是官方的推广，在我国管理实践中也发挥着重要的指导意义。针对我国管理者职业化存在的主要问题，在充分借鉴胜任素质模型的基础上，结合辅导员自身的工作特点和要求，形成辅导员胜任素质模型，将会是辅导员职业化过程中的重要思路和关键举措。

胜任素质构建虽然是管理者职业化的核心内容，但是如果不能够和人力资源管理各环节有机结合，也就不能够发挥实质作用。具体到辅导员胜任素质模型的构建，需要将胜任素质的要求纳入人力资源管理工作的整体设计和运行中，纳入辅导员准入、培训、激励和发展的环节中，从而在不断完善辅导员胜任素质的基础上，提升辅导员的工作满意度和工作绩效，帮助辅导员提高自我认同并赢得社会认同。

三、辅导员胜任素质模型构建方法

传统的素质要求只是区别一般和差的标准，而胜任素质模型是区分优秀和一般的标准。在辅导员职业化的发展过程中，要重视胜任素质的发展，要明确优秀的标准，使得人力资源管理发挥积极的导向作用，不断提升和凝练个体和群体的专业化水平。构建辅导员胜任素质模型，既要参考国际通用的管理者胜任素质模型的构建方法，也要结合辅导员工作自身的要求和特点，在管理科学的相关研究成果基础上，构建具有中国特色的辅导员胜任素质模型。

（一）辅导员胜任素质的基本内涵

在辅导员的胜任素质界定上，应该包括两个方面的基本内容：一方面是具体的显著提高绩效的行为表现；另一方面是取得绩效的人格特征，如个性、价值观、态度、动机等。

只有将这两方面有机结合，才能够科学全面地界定辅导员的胜任素质。

（二）明晰组织发展目标

了解组织与员工的共同利益和共同目标，在此基础上构建和发展员工的文化胜任素质，即对员工具有普遍性要求的，与组织战略发展和文化氛围相契合的行为特征。在此基础上，对于特定的岗位，明确需要具备的个性、知识、技能等要素，即岗位任职者胜任素质。具体到辅导员，作为高校思想政治教育工作的主体，辅导员首先要明确中国高校的使命和任务；同时，还要结合学校的发展战略、工作愿景和学科特点等具体情况发展相应行为特征，形成适合高校情境的文化胜任素质。高校辅导员不仅要具备最基本的文化胜任素质，还要结合具体职责要求形成独特的岗位胜任素质，注重发展自己的潜力，改善自己的态度和价值观，并在与岗位胜任素质相配套的一系列绩效评定、培训、激励活动中不断提升自身的专业水准。

（三）构建辅导员胜任素质模型测评指标体系

辅导员岗位职责直接对应着岗位素质要求，参照"九要素"理论中思想政治教育工作者应该具备的基本素质，我们可以将辅导员胜任素质要求首先聚焦到两者的交集，既能够体现辅导员从事思想政治教育工作的基本特点，又能够反映辅导员的岗位职责要求。因此，思想素质、知识素质、能力素质作为重要交集成为模型关注的关键因素。在构建胜任素质的理论框架下，对于个性和动机、价值观、兴趣等要素的考量也是不可缺少的。为了更加有效地解决胜任素质模型的构建问题，必须立足于已有的管理科学方面的重要成果，并在具体的情境中加以细化和明确。

在这里，我们采用心理学家斯班瑟构建的管理者通用胜任素质模型作为进一步研究的基础。斯班瑟的管理者模型研究了 36 种不同的管理模式，其在不同等级、不同部门和不同环境的管理工作的相似性基础上提炼出管理工作的核心特质，其中，按照重要性排列，管理者通用胜任素质分别是冲击与影响、成就导向、团队合作、分析性思维、主动性、培育他人、自信心、命令、信息搜寻、团队领导和概念性思维。其中的冲击与影响、成就导向、团队合作、分析性思维、主动性、培育他人、自信心、团队领导在上述指标中占有较大权重，因此上述指标体系可以很好地模拟管理者通用胜任素质模型。

本章从交叉学科的理论视角出发，借鉴教育学的专业标准要素理论和管理学的胜任素质模型构建理论进行辅导员职业化的理论分析，对辅导员需要具备的专业要素、胜任素质进行了比较细致的描述。不足之处在于，由于掌握的资料有限，调研的基础薄弱，不能够进行相应的细节描述或者提供更具有操作性的方式方法，质性研究和量化研究的结合还不充分。虽然存在不足之处，但是通过交叉学科的理论分析，我们能够逐渐认识和把握影响辅导员职业化的一些主要问题，对于辅导员职业化的内涵、目标和原则也有了更深刻的解读。

第六章 高校辅导员职业化的主要问题和路径建设

第一节 学科建设

学科建设是高等教育发展的基础和龙头，在学科知识积累创新、高水平人才培养和提升高校社会声誉方面发挥着不可替代的作用。从前面章节的分析中可以得知，学科建设涉及的知识论基础建设和同行评议制度都是辅导员职业化建设中的关键要素。加强学科建设对于辅导员职业化发展具有至关重要的指导意义。

一、主要问题

辅导员工作的学科基础主要是思想政治教育学，相关学科包括教育学、心理学、管理学等。辅导员的具体实践为思想政治教育学科的发展提供了丰富的素材，思想政治教育基本理论与方法为辅导员具体工作的开展提供了理论支持。辅导员工作是在具体的教育环境中展开的教育活动，是由教育主体、教育客体、教育目标、工作方法等要素组成的系统工程，需要遵循教育学的基本规律。辅导员的工作愿景就是成为大学生的人生导师和知心朋友，其工作是一项和人打交道的事业，因此，辅导员必须了解人的心理和行为的基本特点和规律。辅导员只有具备心理学的基本知识，才有可能更加深入地理解大学生的外在表现和内在问题，才能够真正为大学生的健康成长保驾护航，更好地实现辅导员的工作价值。辅导员工作的重要职能之一就是组织管理，无论是班集体、团支部的基层组织活动，还是各类学生社团工作的开展，都需要组织建设和管理力量的支持。辅导员只有坚持管理学的基本原则，掌握科学的管理方法，才能够更好地实施辅导员的组织管理职能。

思想政治教育学科作为辅导员工作的学科基础，处于不断创新和发展的过程中。1984年以来，教育部在高校设置思想政治教育专业和思想政治教育第二学士学位班，主要培养思想政治工作骨干人员。而辅导员作为高校思想政治工作骨干人员之一，是思想政治教育专业毕业生的重要就业去向。20世纪80年代末，思想政治教育学科硕士点建立。1991年，马克思主义理论教育学科博士点在中国人民大学建立。2006年，马克思主义理论和思想政治教育一级学科成立,为思想政治工作从业人员的专业化培训提供了学科支持和教育平台。

改革开放初期,思想政治教育学科的课程内容主要是理想信念和政治教育。伴随着改革开放的进程,市场经济体制逐步确立,利益格局深刻变化,思想状态多元化发展。具体到高等教育领域,高校教育体制改革逐步深化,高校扩招和收费制度的推行,使得高等教育面临着多重发展压力。在高校思想政治教育领域,传统的思想政治教育管理方式和高校学生多元的思想状态以及现实需求之间的矛盾不断凸显。高校思想政治教育学科面临着时代的挑战和现实的问题,因此,对于辅导员队伍建设的方式方法也意见不一。

(一)学科内部对于辅导员建设的意见不统一

在思想政治教育学科内,针对辅导员工作和职业发展的学科建设问题主要有两种声音。一种声音建议参照美国模式,设置专门的高校学生事务管理或者高校辅导员专业,通过设置新学科和新专业,为高校辅导员或高校学生事务管理人员量身定制相关标准和课程,提高学科平台和辅导员培养的契合度;另一种声音是不断完善现有思想政治教育学科,不断拓展相关内容,增加思想政治教育学科大平台和辅导员培养的契合度。

(二)思想政治教育学科内部的层级交流缺乏

思想政治教育学科专家主要从事马克思主义理论和思想政治教育学科理论的研究,对基层工作没有经常接触,理论更多具有哲学和宏观的指导意义;而高校辅导员常常理论功底比较薄弱,即使有一定的工作经验积累,但由于工作流动性比较大、学科研究现状不理想等,使其很难将经验转化成理论。思想政治教育学科的理论与高校辅导员的实践工作之间存在着一定的真空,没有产生知识的积累递进效应。专家理论对于辅导员具体实践工作的指导性不强,高校辅导员经验层面的积累很难达到理论层面的转化,这不仅影响工作中的理论和实践创新,也使得高校辅导员的自我成就感降低,部分消减了职业发展的原动力。

二、解决路径

(一)思想政治教育学科要形成共识

学科有着其自身特定的研究对象、研究方法和研究规律。美国自 1913 年哥伦比亚大学教育学院颁发授予第一个学生人事工作硕士学位以来,至今已经有 100 余年的历史。即使是这样,在 20 世纪 60 到 70 年代,学生事务是否是一个专业在美国高等教育界还是经历了很长时间的讨论。

在高校辅导员工作是否能够借鉴美国模式的问题上,要分析美国模式适用的社会环境和时代背景,必须因地制宜,因时制宜,不能盲目地借鉴和照搬。美国并不存在思想政治教育学科,这并不是美国没有思想政治教育的需要和实践,而是因为美国属于"小政府、大社会"的社会发展模式，其更多的是通过公民教育、宗教教育、社区教育、文化传播等方式来完成思想政治教育的主要功能。因此，美国的高校学生事务管理工作的工作边界相对清晰，工作内容比较集中，并不包含很多意识形态领域的教育工作，主要是针对大学生经常出现的问题给予指导，如建立学习发展中心、心理咨询中心、职业指导中心等辅助扶持大学生的健康成长，帮助发展提升大学生的社会性能力。同时，美国私立高校的比重和社会影响力非常大，国家行政力量在很多时候只是通过法律规范的形式进行间接管理，不会直接参与或者主导高校的各项工作。这和中国高校的行政管理层级制度形成了鲜明的对比。因此，从社会模式和管理体制上看，中国高校不能直接借鉴美国模式的社会基础和管理平台，不宜直接使用该模式。但是，美国高校历史发展时间比较长，高校学生事务管理研究起步比较早。从高等教育发展的角度讲，各国之间相似的发展阶段都会出现一些相似的问题。因此，美国模式中的学生管理理念、高校学生事务管理的发展目标、队伍建设的专业化发展、行业组织的发展、从业人员的法律意识都是值得我们学习和借鉴的领域。这对中国高校辅导员深化发展理念、拓宽工作视野、建设职业化队伍具有重要的价值。美国模式特别提示我们，在社会结构和社会心理发生重大变化之后，是否能够重新认识学科的理论基础、科学调整学科专业的内容，以及专业的标准和要求是否能够与时俱进地适合学生的需要，是十分重要的。如美国高校学生事务管理专业在20世纪60年代学生发展理论形成的时候，就进一步明确了专业发展的方向，即高校学生事务管理有自己独特的教育和发展目标，坚持非学术事务的科学管理是学术事务健康发展的保证。

上述比较分析可以为思想政治教育学科内部达成共识提供一些支持。中国的社会管理模式使得思想政治教育学科成为大学生思想引领、道德培育、学习和职业发展、社会性能力培养的重要平台。随着时代和社会的发展，我国的思想政治教育学科内容在不断调整，学科地位也在不断提升，从二级学科成为一级学科正是学科发展的具体体现。

无论从辅导员工作的内涵，还是从辅导员队伍的专业化建设来说，思想政治教育学科都是基础。明确学科依托，可以使高校辅导员队伍建设工作形成合力和保障。同时，根据高校辅导员工作开展的理论和实际需要，在思想政治教育学科内部增加新的研究领域，形成新的研究分支，为高校辅导员事业的科学发展奠定学科知识基础，为高校辅导员工作形成其自身独特的教育和发展目标确立根基。

（二）增进学科的组织活力和层级交流，发展同行评价制度

增进层级之间交流互动的活力，搭建更多的交流平台，对于提高学科水平具有重要意义。学科内部纵向的交流活动和学科之间横向的交流活动可以增进知识分享，对于全面理解学科内涵和深化各自的领域研究具有重要的方法论意义；可以有效促进同行评价制度的发展，对于形成学科的权威力量和社会影响力具有重要的价值。在高校学生管理工作中，传、帮、带的模式已经实践了很多年，新入职人员从最初的模仿学习，到逐步适应、自主探索，最后形成自己的学生管理理念和方式方法。相对于传、帮、带这种单向的交流方式，

学科组织的层级交流更应该是多向度和交叉立体的。思想政治教育学科专家可以从层级交流中获悉高校思想政治教育工作的主要问题和基本发展趋势，使得理论研究能够从实际出发，产生重要的实践指导意义；而高校辅导员在学科理论和方法论的指导下，可以将经验通过理性分析逐渐上升为理论，使工作状态从被动转为自觉主动，提高分析现象、透视本质的思维能力，增进实践中发现问题、解决问题的创新能力。

（三）加强高校辅导员培养的学科组织建设

思想政治教育学科平台建设应该利用现有条件，充分结合辅导员工作的历史传承和现实情况，依托学科的硕士点或者博士点，灵活设置高校辅导员研究方向；通过课程的有效设置，将辅导员工作中需要的马克思主义理论、心理学、管理学、教育学、社会学等学科基本知识和专业技能有机结合，在宽口径的基础上打造高校辅导员的培养平台。在条件成熟的高校，也可以在教育学、心理学硕士点或者博士点的建设中进行类似设置。通过拓展人才培养的学科平台，一方面可以推进辅导员的个人专业能力提升和职业化成长；另一方面可以推动高校辅导员的多元化组成，有助于形成优质的科研团队。

第二节　行业组织建设

卡内基促进教学基金会主席舒尔曼教授充分肯定了专业社团组织的重要价值，并指出只有通过专业社团的培育，才能够推动专业知识的共享和实践水平的提高。行业组织的完善和发展对于促进行业的职业化具有重要的意义。从国内来看，律师、会计师、医生、教师都是比较明确的被社会广泛认可的职业，而上述职业的行业管理组织也有着比较完善的制度保障，如行业自律规范、行业工作标准、行业道德规范，组织成员的权利、义务，行业学术交流制度、惩戒条例等。

辅导员职业化目前处于发展的关键时期，在这个时候，行业组织在统一思想认识、贯彻国家政策精神、制定具体标准、培育辅导员的职业伦理和道德、建设职业文化、塑造职业社会声誉方面发挥着至关重要的作用。

2006 年 8 月，全国首个高校辅导员协会在复旦大学正式成立。其以"推进辅导员队伍的职业化水平"作为发展方向和建设目标，重视育人与咨询，通过建立辅导员论文库、案例库，积极推动学生辅导员进行相关课题的调查和研究，并设立"青年精英培养基金"作为专项基金，用于辅导员培养，尤其是加强对研究型辅导员的培养。之后，辅导员之家、辅导员俱乐部、辅导员论坛、辅导员沙龙等自发组织如雨后春笋般发展起来，行业组织逐渐呈现从零散到整合的趋势。2005 年，上海地区开始筹备建立全市范围内的辅导员协会。2007 年 12 月，厦门市成立高校辅导员协会。2008 年 7 月，中国高等教育学会辅导员工作研究分会成立，标志着全国性的辅导员专业共同体的成立。

一、主要问题

（一）缺乏强有力的行政领导和资源支持，影响力、凝聚力有限

全国辅导员行业组织在认识基础上缺乏共识，在价值理念上没有统一，在资源上没有来源，在行政管理中缺乏强有力的行政管理权力的参与。虽然形成了全国辅导员行业组织和地方辅导员行业组织共同发展的基本格局，但是从整体上来讲，现有的行业组织凝聚力不足，影响力有限，不能有效发挥对于辅导员职业化发展的重要导向作用。

（二）辅导员行业组织起步晚，自发性强，职能有限

虽然辅导员的行业组织发展从无到有，从分散到整合，整体呈现良好的势头，但是和高校辅导员工作的实际需要还存在很大差距。作为全国性的辅导员专业共同体，辅导员工作研究分会是挂靠在中国高等教育学会下的二级分会，其性质定位是全国高校非经营性学术组织，主要从事开展大学生思想政治教育及高校辅导员队伍建设相关工作研究、理论研究和政策研究，组织辅导员工作论文、著作等成果评选工作等。而行业组织承担的其他重要职能，如颁布职业标准、制定职业伦理、出版专业期刊、制定并保护组织成员的权益等均没有体现，这大大制约了行业组织的影响力。

二、解决路径

（一）加强行业组织的行政领导

中国的社会结构使得行业组织要和国家行政权力有机结合才能够更好地服务于组织发展。在党和国家高度重视思想政治教育工作的政策优势下，辅导员行业组织要顺势而上，抓住历史机遇，发挥理念先进地区及高校的积极示范作用，加大宣传力度，使得辅导员行业组织的管理逐步纳入政府行政管理体系中，争取到更多的政策、规范、制度以及财力、物力的支持，为行业组织的发展奠定必要的物质基础和行政组织保障。

（二）加强基础建设，拓宽职能，制定标准

行业规范对于从业人员明确工作标准、提高自律意识、规范行为具有重要的指导意义。美国大学人事协会（ACPA）、全美学生人事管理者协会（NASPA）作为美国学生事务管理人员的行业组织，为高校学生事务专业化发展提供了必要的职业标准和专业的组织保障，其宗旨是为促进学生的发展、潜能的发挥提供专业性的服务和教育，并通过制定相应的职业标准保护学生事务管理人员的基本权利，明确学生事务管理人员的基本义务。

作为全国性的辅导员专业共同体，辅导员工作研究分会需要统一认识和理念，不断拓

展职能，制定辅导员职业标准、伦理规范、权利义务、权益保护、学术发展、专业研究等具体规范，使辅导员行业组织在培育行业文化、增强从业人员的职业意识、强化职业行为、营造职业声誉方面发挥更加重要的作用。

第三节　高校系统

随着高等教育的迅速发展，高等教育规模不断扩张，高校普遍面临着教学、管理等师资缺乏的局面。实现"教学育人、管理育人、服务育人"，加强管理机制中的合力机制建设，充分调动全体教职员工的教育、管理和服务意识，可以解决高校教育管理中的实际问题，减少冲突；可以提高学校的整体教育、管理和服务水平，培育优秀的校园文化；可以为学校的持续发展提供良好的组织保证。

随着高等教育大众化时代的到来，高等教育从计划经济时代进入消费者时代，具体体现在学生的主体意识提高、学生的权利范围扩展、学生的维权意识提升等方面。为了适应新时期的变化，各高校"为学生服务"的意识也在不断增强。大多数高校已出台相关具体的教学管理制度来回应学生的强烈要求，如课程成绩的质疑查证、学生处分的申诉听证、校园重大事件的信息披露等。高校教师也需要适应时代变化，自觉完善教学方式，改进教学手段，增加和学生之间的教学互动，满足当代大学生的主体性成长需求。管理干部需要更加主动地倾听和及时回复大学生普遍关注的问题，如教务处处长设置处长邮箱，及时回复学生关于选课、学分换算等教学方面的疑问；学院负责本科教学的院长定期召集学生代表征求学生对于课程和任课教师的意见；后勤管理处定时更新网站信息，在学生普遍关注的住宿、食堂、超市等问题上及时回复，并和学生相关权益组织保持良好的沟通。

从社会系统论的角度来说，高校就像是一个系统，其发展总目标指导并制约着学校各部门的具体发展，学校的校风校训、教学管理服务理念直接影响着学校各部门的具体工作模式。同时，作为系统的组成部分，各部门健康有序的科学运作以及各部门之间的和谐相处也为整个系统的健康发展提供了重要保障。学生是高校系统中最核心的要素，只有加强管理机制中的合力机制建设，充分调动各方面的积极性和创造性，才有可能为学生提供最优质的教学、管理和服务。

2005年1月，中共中央召开全国加强和改进大学生思想政治教育工作会议，提出建立健全全体教职员工全员育人、全方位育人、全过程育人的工作机制。"三全育人"的内涵要求和基本原则在中国高校管理层面逐渐形成普遍共识。在党政联席会议上，在高校的网站宣传栏中，"全员育人、全方位育人、全过程育人"的声音并不鲜见。但在实践中，部分高校仍旧存在德育教育工作弱化和职能部门各自为政的状况。总结高校系统中影响大学生思想政治教育工作及辅导员队伍建设工作的问题，主要集中在以下几个方面。

一、主要问题

（一）国家指导性政策规定和高校落实不挂钩

很多高校虽然学习了政策、宣读了文件，但没有对学生管理工作进行更加科学的部署和安排，风声大、雨点小的情况并不少见。虽然高等教育主管部门就相关文件的落实情况进行了检查和督查，但是更多的是对一些硬件指标的核查，如辅导员和学生的比例、辅导员的入职资格等，对于一些软性指标，如高校党委的态度和认识、辅导员的现实困难、学生对辅导员工作的期望并没有更多考量，接待高等教育主管部门检查和督察的更多是学生处、心理咨询中心等职能部门，因此考评结果对学校领导层面的基本态度和观念认识不会产生重大影响，学校的内部政策环境和辅导员的常态工作环境很难得到真正改善。

国家宏观政策为辅导员的职业化发展提供了美好的愿景，但在实际工作中，政策落实却成为阻碍宏观政策预期目标达成的难题之一。如果不能破解这个难题，高校辅导员的基本工作状态就不会得到根本改变。其他相关的问题，如辅导员专业素质提升、辅导员职业化发展路径、辅导员职业认同问题等辅导员队伍建设问题都将无从谈起。从某种程度上讲，高校政策环境已经成为制约辅导员队伍建设和发展的"瓶颈问题"。

（二）辅导员工作在高校评价体系中比重较低

改革总是会影响到诸多群体的利益，有时候是显性利益，有时候是隐性利益，高校也不例外。高校的任何改革措施都会遭遇不同程度的反对声音。普通高等学校实行的是党委领导下的校长负责制，一般采用党政联席会议、党委常委会、党委常委扩大会议等形式进行重要问题的讨论和集体决策。在学校党委常委中，一般只会有一名校领导直接负责学生工作。也就是说，从某种层面上讲，学生辅导员的官方代表在高校决策层面只有一个席位，其决策权受到一定的局限。中国已经进入高等教育大众化时代，对于各高校来讲，保持特色，创新发展，在日益激烈的高校竞争中占据有利地位，是学校持久发展的重要保证。高校质量评估标准成为学校层面决策的重要指向标，凡是有利于学校质量评估的指标，如国际科研发表、学科带头人、社会科学和自然科学基金项目数量、重点学科建设等在学校人、财、物等资源分配中占据绝对的优势；对于难以量化的指标，如学生综合素质、学生潜能开发、学生人文素养和科学精神等指标，由于比较长线，很难在短期内见到收益但又需要一定的资源投入，高校决策层面一般持比较保守的态度。一般来说，高校决策层面对学生的思想政治教育工作，包括辅导员队伍建设的基本态度主要是学生工作不要出事故就好，而不是工作要出成绩。

（三）辅导员工作缺乏相关工作群体的理解

虽然国家政策上已经反复强调辅导员工作的重要意义和必要性，但是在高校的传统观念和惯例做法中，辅导员工作经常成为"说起来重要，做起来次要，评起来不要"的角色。在某些高校，辅导员作为思政理论课兼职教师，不能得到和其他专职教师的相同待遇；辅导员在各自学院只能按照行政管理人员进行考核，因为学院层面由于专业领域的隔阂不能真正认可辅导员的教师身份；在学校重要的开学典礼和毕业典礼上，教师发言代表中鲜有辅导员的身影；辅导员在评聘专业技术职称时和思想政治教育专职教师采用同一标准，等等。这些现实中的具体做法直接影响到学校其他职能部门和工作群体对学生工作的整体认识，使其更多地感受到辅导员工作综合性的一面而不能认识到辅导员工作专业性的重要价值。对于很多高校来讲，辅导员工作还是处于"上面多条线，下面一根针"的工作常态，处于学校多个职能部门工作的交叉点。在高校管理中凡是涉及学生工作的，最后都是直接或者间接地落到辅导员身上，辅导员普遍感觉到工作压力很大。虽然其他职能部门并没有直接考核和管理辅导员的权限，虽然国家政策对于辅导员的工作职责和工作内容进行了明确的规定，但是现实的状况却是辅导员工作头绪多，任务重，学生管理事务经常要由其他职能部门牵着走，辅导员的职业自主感和成就感比较低，辅导员工作的职业吸引力下降。

（四）辅导员的工作价值缺乏大学生的普遍认同

大学生对辅导员工作的重要意义和必要性也没有全面和根本的认同。在高校就读期间，和大学生接触最密切的人一般都是辅导员，因为辅导员和他们朝夕相处，从新生入校到毕业生离校，从学习、生活中出现的各种问题的解决，各种事务性工作的咨询和办理，大学生都要和辅导员打交道，但是亲密的关系并不意味着他们对辅导员工作的价值认同。在大学的信息平台 BBS 上，很少有对辅导员的评语，更多的是对专业课教师的评价。大学生普遍认为辅导员工作没有专业性和创造性，常规性的事务工作占据主要位置，对大学生积极成长方面的指导性不强。这种状态和辅导员工作专业化程度不高是对应的，但是和辅导员工作的应然目标——成为大学生的人生导师具有较大的差距。

二、解决路径

（一）转变高校决策理念，将辅导员队伍建设工作纳入学校统一规划中

高校决策层面要坚持贯彻"育人为本，德育为先"的教育方针，将立德树人作为高等教育的根本任务，切实改变高校德育工作弱化不力的工作局面，重视思想政治工作队伍的整体建设，重视辅导员队伍建设，将思想政治教育工作发展与高校教育科研发展、社会服务、对外交流等工作统一规划和部署。

通过外力的推动也可以进一步改善思想政治教育工作在高校整体工作中的地位和状态。教育部和国家相关部门可以定期召开高校领导思想政治工作会议，推动高校思想政治教育工作队伍建设问题的研究部署，可以邀请某些高校领导进行经验介绍，使高校党政领导充分认识到思想政治教育工作队伍建设问题的重要意义。高校决策层的思路转变，可以

释放积极信号，发挥良好的示范效应，为辅导员工作的职业化建设营造良好的高校内部氛围和环境。

同时，辅导员个人和团体要加强学习，加强对学生问题的研究和学生发展规律的认识，将经验总结不断提升到理论水平，为学生发展献计献策，努力成为高校决策层在重大决策过程中的重要参考，不断提升辅导员队伍的整体形象。通过自上而下和自下而上相结合的方式，积极转变高校决策层的传统观念，为辅导员队伍建设和职业化发展营造良好的高校环境。

（二）在高校质量评估标准中增加辅导员工作建设权重

在高校质量评估标准中，高校应明确辅导员工作建设的细化指标并给予相应权重，如队伍的年龄、学历、职称结构是否能够适应学生工作的开展，人员是否保持比较稳定的状态，辅导员人均进行专业咨询的次数，辅导员人均发表相关领域论文数目，参与培训情况，参与课题情况……如果将国家政策期待实现的思想政治教育工作状态和辅导员职业化发展的基本目标细化成高校质量评估标准中的细则和加减分标准，高校决策层会更加自觉主动地投入资源并落实相关政策制度，从而使国家政策在高校落实的效果和效率得到大幅度的提升，甚至在某些高校会有突破性的发展。

（三）以明确的岗位职责为基础，建立全员育人机制，体现学校德育工作整体性

全员育人可以调动各方面积极要素，共同服务于大学生的思想成长和全面发展，通过形成"教育育人""管理育人"和"服务育人"的合力机制，营造良好的校园文化氛围。在全员育人体制下，在高校整体生动的社会关系中，大学生充分感受着个体思想品德社会化和社会思想品德个体化的双向作用。

"教育育人""管理育人"和"服务育人"的合力机制的前提是分工，只有在明确的工作分工基础上才会有真正意义上的合作。高校职能部门应该明确各自的岗位职责，对于新时期的新工作要加强沟通协调，不能以"这是学生的事情"为理由随便推诿给辅导员，增加辅导员的工作负担。辅导员作为思想政治教育工作的重要主体，承担着德育中的专项性工作，是大学生日常管理和教育的实施者。辅导员等德育工作主体不应该也不能够取代全员育人机制中的"全体"。大学生德、智、体、美全面发展需要在高校具体的现实社会关系中全面展开，这既是全员育人体制的构建基础，也是德育工作主体不能够替代教职员工"全体"的重要原因。高校的全员育人机制，需要体现学校德育工作的整体性，通过德育工作主体的协调和控制工作，使"教育育人""管理育人"和"服务育人"中的教育影响要素发挥正向的一致性作用，避免不同来源的教育影响互相矛盾，影响大学生的价值判断和健康发展。

大学生思想政治教育工作主体范畴包括辅导员和班主任、学校党政干部和共青团干部、

思政理论课和哲学社会科学课教师。辅导员要和其他主体密切配合，各有侧重地开展工作，共同服务于高校的人才培养。

（四）提高辅导员专业水平，提升大学生的认同度

在高校实践中，辅导员工作的事务性和综合性是显性特征，而辅导员工作的学科性和专业性是隐性特征。特别是在辅导员专业化能力培养机制并不明确的前提下，辅导员的专业发展仍将处于静默的状态。没有相应的知识论基础的支持，缺失有效解决大学生发展问题的方法手段，在高校这样的"知识王国"中，辅导员工作很难得到和其他专职教师相同的认可度。只有不断提升辅导员的专业能力，不断发展辅导员工作的学科基础，不断结合大学生的全面发展开展应用研究，不断创新辅导员工作的理论和方法体系，辅导员工作才能在情感交流方面成为大学生的知心朋友，在健康成才方面成为大学生的人生导师，真正履行党和国家赋予辅导员的重大职责和光荣使命。

第四节　工作管理体制

在领导管理体制中，高校对辅导员的管理实行学校和院（系）的双重领导体制，学校的学生工作部门与院（系）共同负责辅导员管理工作。双重领导并不是并行领导，而是在不同层次上明确相应领导责任，学校主要从宏观角度对辅导员队伍整体建设进行规划、部署和协调，而院系主要从微观角度对本院（系）辅导员工作进行直接指导和安排。

在日常管理体制中，辅导员拥有教师和管理干部的双重身份。双重身份的管理体制是辅导员教育性和管理性兼具的工作职责的客观要求，其为辅导员的职业发展提供了重要的发展空间。作为教师，辅导员可以选择职业化发展道路，评聘思想政治教育学科的专业技术职务职称；作为管理干部，辅导员可以按照相关规定和选聘标准晋升行政级别。双重身份的管理体制拓展了辅导员的职业发展前景，提升了辅导员专业化的内在动力，充分调动了辅导员的工作积极性。

一、主要问题

（一）双重领导带来的双重管理导致辅导员工作角色的冲突

科学的管理体制对于组织的发展具有重要意义。在管理科学领域，多重管理一直是困扰管理者的重要问题。由于高校的管理体制是垂直管理，辅导员不仅要直接受命于学院，作为学生工作人员或思想政治教育课兼任教师，还要接受学生处及思想政治教研部门的直接管理，甚至由于高校辅导员岗位职责不明晰等问题还要接受其他相关职能部门的间

接管理。

相对于其他专职教师群体和管理群体，辅导员的上级主管部门比较多，多重管理的内在冲突直接影响着辅导员职业化的进程。在多重管理的模式下，不同部门有着不同的组织发展目标，对辅导员有着不同的管理要求和任务分配。很多时候，这些部门管理要求之间是有差异甚至是有冲突的。如对待学生考试违纪问题上，一般来说，学院的态度以保护学生的发展权利为主，并不倾向于使用过多或者过于严厉的惩戒性手段，特别是受到严厉惩罚的学生一旦出现了其他问题，如心理问题、自杀问题等，复杂的善后工作主要是由学院承担，这对于学院整体工作具有负面的影响。与此相反，教务处是负责学生学籍管理和纪律处分的部门，从营造良好的学校学习氛围、保证公正严肃的考试秩序、维护良好的学校声誉等角度出发，对于考试违纪的学生态度是非常严厉的，会采用惩戒性的手段处分学生，以达到惩戒错误、警示他人的作用。双方的出发点都有合理之处，但是在实际工作中，在多重管理的机制下，辅导员无疑成为事件解决的具体落实者。无论结果如何，管理部门都至少有一方不满意。工作中处于尴尬的两难境地，再加上和学生及家长方面的解释、沟通、安抚等工作，辅导员的压力可想而知。

（二）双重身份带来的职业附属地位解构了职业化要求

毋庸置疑，辅导员的双重身份具有政策上的合法性。早在 1980 年，教育部、共青团发布的《关于加强高等学校学生思想政治工作的意见》中就明确指出："高等学校的学生政治工作干部，既是党的政治工作队伍的一部分，又是师资队伍的一部分，担负着全面培养学生的重要任务。"辅导员的双重身份也具有实践上的合理性。辅导员是开展大学生思想政治教育的骨干力量，是高校学生日常思想政治教育和管理工作的组织者、实施者和指导者。辅导员的双重身份符合辅导员工作的教育、管理的双重功能。

然而，职业化发展作为辅导员队伍科学化建设的基本思路，在辅导员的双重身份的职业地位面前似乎是进退维谷。应该如何认识双重身份的附属职业地位和职业化对独特职业地位的内在要求，在实践中是否仍要坚持辅导员职业化的思路，抑或在双重身份的优惠倾斜政策中各得其所，双重身份更像是一把双刃剑，成为辅导员队伍建设中急需解决的问题。

（三）政策法规的法律位阶较低，弱化了政策法规的落实

国家的政策法规作为根本性、全局性的体制性因素，在辅导员职业化发展中发挥着重要作用。虽然中共中央、国务院签发了新时期的纲领性文件《关于进一步加强和改进大学生思想政治教育的意见》，教育部发布了《加强高等学校辅导员班主任队伍建设的意见》等一系列配套文件，各省市也根据自身情况和发展需要制定了相应的规定和制度，但是困扰辅导员职业化的主要问题并没有从根本上解决，特别是在高校系统中影响和制约辅导员职业化发展的各种因素仍不同程度地存在，高校和相关组织在落实意见和规定方面具有极大的差异性。

二、解决路径

（一）辩证认识双重管理和统一管理的关系，加快职业化发展，是解决问题的根本途径

现行的双重管理领导体制是根据辅导员的实然状态确定的基本体制，是实事求是的，然而，不能固化地理解双重管理的领导体制，将其认为是不可更改的，而是应该从辅导员职业化发展的视角，辩证认识双重管理和统一管理的关系，努力提升辅导员职业化水平，使其专业从业水平得到广泛的社会认可，逐渐实现独立的职业地位，并在条件成熟时实行辅导员工作的统一领导体制。高校可以考虑在学校层面设置学生工作委员会，在其统一领导和管理下，按照辅导员职业化建设方向，明确辅导员的岗位职责，明晰辅导员的权利和义务。在具体管理机构设置上，学生处可以直接管理负责各院系辅导员队伍建设及相关的选拔、培训、考核、激励等环节。辅导员直接向学生处负责，不再隶属于学院，但和学院保持密切的合作关系。这样既可以保证政令统一，提高工作效率，也可以使辅导员提高工作归属感，增进工作认同。

在辅导员工作管理中，高校要逐渐实行垂直的条状管理，改变现有的条块管理模式，当然，在学院层面，还是有专职辅导员负责的工作，只是改变多重管理的状态。在学院工作层面，高校可以参考借鉴英国高校学生事务管理中"学生导师制"的做法，即在院系一级，由院长和系主任负责学生事务，并在每个学生入学之后安排一位专业教师作为个人导师，具体负责专业学习和个人日常生活方面的事宜；也可以设有高级导师，负责学院全体学生的指导，也可以指定专人负责职业指导等相关事务。重要的特点就是，学院的学生事务工作人员都是兼职的，学院学生事务部门和学校学生事务部门不存在领导与被领导的关系，只是工作业务上的合作关系。

在学生处的统一领导体制中，按照有利于辅导员职业化发展的原则，设立相应的专业咨询中心，作为辅导员进行咨询、研究、学术发展的基地，为辅导员职业化发展提供必要的组织保证和学术支持。这方面可以参考借鉴美国及香港高校学生事务管理的比较成熟的做法，并和我国学生具体实践相结合，探索适合中国国情的学生工作模式，探索中国辅导员的职业化发展道路。在美国，重要的专业咨询中心有心理咨询中心、学生服务中心、职业发展中心等。其中，心理咨询中心主要是通过团队咨询和个体咨询方式解决学生在学习、生活等方面遇到的心理问题，帮助大学生适应环境、发展认知、解决问题和冲突。学习服务中心帮助学生掌握学习技巧，包括记忆规律、学习方法、考试策略安排等。职业发展中心主要是通过咨询讲座、心理测评、模拟面试等方式帮助学生确定并寻找适合的工作，主要包括就业技巧指导，如个人性格测评、书写简历、面试技巧等，并帮助提供适合的工作和实习岗位。

（二）明确辅导员工作职责，明确双重领导的权力边界，达成共识，是解决上述问题的现实途径

由于高校内部对于辅导员的工作职责没有达成基本共识，伴随着高校学生管理难度的加大，辅导员的工作角色冲突问题日益严重。特别是在某些高校，除院系和学生处双重领导部门的直接管理，其他职能部门也会将其权责范围内的工作以各种莫名的理由强加到辅导员身上，无形中增加了辅导员的工作压力和精神负担，降低了辅导员的工作主体性，削减了其工作成就感。如某些高校将入学户籍审核、四六级报名等保卫部门、教务部门的具体明确的工作都转嫁到辅导员身上，使得辅导员不堪重负。因此，在高校整体范围内明确辅导员工作职责是解决辅导员工作压力大、任务杂的现实途径。同时，作为辅导员两大主管部门的院系和学生处，要明确各自的权力边界。由于这方面的规范很少，更多的是参照传统的管理做法或者领导具体的做事风格，导致辅导员的工作经常处于不确定的状态，使辅导员的心态很难真正平稳。明确双重管理主体各自的权力边界，加强规范化管理，是非常必要的现实举措。

（三）辩证认识辅导员职业化发展和双重身份的关系，依托双重身份实现职业化发展，通过职业化发展重塑辅导员身份

辅导员的双重身份营造了良好的社会舆论，给予了支持性的物质保障，为辅导员职业化发展创造了良好的政策环境。可以说，辅导员的职业化发展在国家的大力支持下，在双重身份的管理体制中，从社会认同、学科建设、行业组织到个人待遇及职业发展都已经取得了长足的进步，呈现良好势头。"按照专业化发展理论，专业的发展都会遵循着从低到高，从初级专业到成熟专业的发展历程。因此，无论从辅导员专业组织的集体层面，还是从辅导员的个人层面，都要有一种价值坚持和专业愿景，那就是通过辅导员专业化发展，在专业相对成熟的时候，摆脱双重身份的界定，重塑辅导员作为专业群体的独特的身份特征。这是一个历史的发展过程，重塑辅导员身份应当成为辅导员职业化发展的价值目标。"

（四）不断提高辅导员相关政策规定的法律位阶，为职业化发展提供刚性的法律保障

全国人民代表大会及其常委会制定、修改的法律效力位阶高于国务院制定的行政法规，而行政法规的效力位阶高于国务院各部委制定的行政规章。目前关乎辅导员及辅导员职业化发展的政策规定大多数是行政规章，不具有真正的法律效力。为了进一步推进相关政策规定的切实落实，辅导员及相关部门一方面要积极争取多方面的社会支持，促进相关政策规定逐步提升法律效力位阶；另一方面要呼吁提议在《中华人民共和国教育法》《中华人民共和国高等教育法》《中华人民共和国教师法》等相关法律中增补体现辅导员及辅导员职业化的相关规定，为辅导员职业化发展提供刚性的法律保障。

第五节　工作运行机制

高校在建立健全辅导员双重领导管理体制的基础上，要通过系统的制度化的方法，形成辅导员实践工作中的运行机制。具体来说，这一机制包括准入制度、培训制度、考核制度、激励制度和工作模式，上述环节紧密联系，有机结合，共同形成辅导员工作的运行机制。

一、准入制度

准入制度是辅导员职业运行机制的首要环节，是高校辅导员职业化的重要保障，直接影响着高校学生工作人员的基本水平和辅导员职业的社会认同。目前国内各高校已经进一步完善了辅导员选拔机制，坚持高标准，严把入口关，以公开招聘为主要方式，把德才兼备、乐于奉献、热爱大学生思想政治教育工作的人员选聘到辅导员队伍中来，基本形成了一支相对稳定、结构合理、素质优良、有战斗力的辅导员队伍。

（一）主要问题

1. 近亲现象

中国传统文化的重要特征之一就是熟人文化，体现在高校辅导员选聘工作中就是更倾向于选择本校的学生入职。而职业化的重要特征之一就是社会化，随着时代的发展和辅导员职业化进程的推进，这种近亲的状态已经很难适应时代、高校及辅导员队伍发展的需要。在计划经济时代选派优秀的毕业生留校工作具有特别的意义，因为计划经济时代的大学教育属于精英教育，"千军万马过独木桥"是当时的真实写照，对学生的分配采用统招统分模式。由于社会建设需要各方面的人才，大学生毕业时基本上是供不应求，在可以找到很好工作机会的整体境况下，选择留在比较清苦的学校，的确是又红又专的先进代表，这一点在清华大学"双肩挑"辅导员的具体实践中可以得到很好的验证。随着高等教育大众化时代的来临，大学生就业面临着巨大的压力，高校在众多的就业单位中具有独特的优势，吸引了众多的大学毕业生。一方面，从整体上讲，留校人员的整体素质和选择留校的具体原因与以往有一定的差别；另一方面，如果过多选择留校人员作为本校的辅导员，会对辅导员队伍的学科发展和公平竞争机制产生负面的影响。

2. 选聘途径比较单一

《普通高等学校辅导员队伍建设规定》要求新聘任的青年专业教师，原则上要从事一定时间的辅导员、班主任工作。除此之外，各高校也在进行有意义的探索，如对外经济贸易大学优先选聘有西部支教、社区服务、新农村服务经验的基层优秀工作人员作为专职辅导员。但是，从高校具体实践的整体状态来看，从应届毕业生中进行选聘仍旧是目前高校辅导员选聘的主要渠道。

3. 选聘标准不统一

在选聘要求上，虽然《普通高等学校辅导员队伍建设规定》明确指出辅导员的选聘标准为"政治强、业务精、纪律严、作风正；具备本科以上学历，德才兼备，乐于奉献，潜心教书育人，热爱大学生思想政治教育事业；具有相关的学科专业背景，具备较强的组织管理能力和语言、文字表达能力，接受过系统的上岗培训并取得合格证书"，但是由于上述选聘标准的描述性较强，可量化的指标少，在具体操作中的灵活空间很大，高校一般都是根据各自的需要来界定选聘要求。从高校辅导员队伍选聘角度来讲，标准化程度较低，一定程度上阻碍了辅导员职业化的进程。

（二）路径建设

1. 打造多元化背景的工作团队，避免"近亲繁殖"

辅导员团体既是管理服务的团队，也是教学研究的团队，特别要强调的是，只有依托教育研究的成果和实力，才能够提升辅导员的专业化水平，才能够提高管理服务的水平，为大学生的全面发展提供支持，促进辅导员队伍的职业化发展。辅导员团体作为一个教学研究的团队，和其他专业课的教学研究团队一样具有基本的共同特征和需求，要按照教育规律进行科学的组织和管理。通过打造多元化背景的工作团队，营造多元统一的团队文化，可以使团队成员之间优势互补，形成学科研究合力，促进个人成长和团队发展，形成个人与团队互相依靠、彼此促进的良好互动关系。在实践中，不同高校在历史发展过程中形成了独特的校风校训，各高校独特的教学科研、学术训练或社会实践也会深刻地影响其中的莘莘学子。可以说，每个大学生都是高校环境的产物，都会在高校潜移默化的影响下形成相对独特的做事风格和研究特色。在多元化背景的辅导员团队中，不同的校园文化互相交融、互相激发新的灵感，可以有效推动团队的可持续发展。即使是选聘留校毕业生担任辅导员，也不宜超过一定的比例，这方面可以借鉴其他学校的具体规定，如本校的博士毕业生留校不能超过30%。

2. 拓宽选聘途径，促进职业化发展

职业化的重要特征就是社会化，要从社会范围内建立广泛的选聘途径，逐渐形成社会化、市场化的选聘格局。在香港，学生辅导员是专业性很强的工作。如香港科技大学的5位专业辅导员均获得硕士或博士学位，包括临床心理学家、辅导心理学家、心理治疗师及综合社会工作者。有鉴于此，高校辅导员的来源途径可以多元化，在保持应届毕业生的来源基础上，通过社会招聘，对辅导员职业化建设中急需的人才进行有针对性的选择，通过人才的合理配置来提升高校辅导员队伍建设的内在力量。在这方面，很多学校都已经进行

了实质性的探索。如高校之间互相派驻专职辅导员到对方院校交流学习甚至是岗位实习半年或者一年，比较全面地了解其他高校的学生工作经验和特色，为本校学生工作的开展提供支持借鉴。另外，一些政府部门也会根据情况派驻学生辅导员到各高校协助工作。例如，新疆曾经派驻专门负责少数民族事务的专职辅导员负责协助管理高校的少数民族学生工作，由于具有相同或相近的民族文化背景、语言沟通基础和风俗生活习惯，少数民族学生群体中一些深层次的问题和矛盾能够得到及时有效的解决，这对本校专职辅导员提高处理少数民族学生事务的能力有很大帮助。

3. 高校招聘的标准化建设

在国家政策要求的基础上，高校应以统一的辅导员行业组织为依托，完善辅导员职业能力的标准化评估工作。在此基础上，高校可以根据各自的办学特色和学生工作传统，进行岗位职责的具体规范。这样，一方面，可以使应聘者对照具体的岗位职责衡量自己是否适合上述岗位，进行个体评估和岗位申请；另一方面，可以节省招聘委员会和相关决策人员的时间成本，既降低了人力资源管理的复杂程度，也使得辅导员选聘工作的科学性基础得到保证。

4. 选聘配齐专职辅导员

辅导员作为大学生思想政治教育的引导者、日常事务的管理者，在常态工作环境下面临着繁重的事务性工作和复杂的个性化问题。辅导员的管理幅度和辅导员的工作效果直接相关。管理学理论对于管理者的管理幅度有着严格的规定，在此科学理论基础上，参照高校具体情况，国家制定了选聘比例。高校应该将辅导员选聘数量作为辅导员队伍建设的基本要求纳入学校招聘计划中。教育主管部门应该将辅导员选聘数量是否达标作为高校质量评估的考核标准之一。另外，教育主管部门在监督检查辅导员队伍建设工作时，要明确界定专职辅导员的外延，避免将专职辅导员和兼职辅导员、辅导员和班主任混为一谈，督促高校真正落实"选聘配齐专职辅导员"。

二、培训制度

辅导员培训是提高辅导员综合素质和职业能力的重要途径，也是社会发展、知识更新和学生成长的客观需要。2006 年 7 月，教育部颁发《2006—2010 年普通高等学校辅导员培训计划》，从指导思想、培训原则、培训目标、主要任务等方面对辅导员培训工作进行了部署。2007 年，教育部确定了首批 21 个全国高校辅导员培训和研修基地。在此基础上，部分省市成立了省市级辅导员培训和研修基地，建立了以高校辅导员班主任骨干示范培训班为龙头，以省市级辅导员普遍培训为重点，以各高校辅导员系统培训为基础的分层次、多形式的培训体系，辅导员培训工作顺利展开。从 2005 年开始，教育部每年举办全国高校辅导员班主任骨干培训班，截至 2008 年年底，已经连续举办了 16 期高校辅导员班主任骨干示范培训班，共培训 3000 多人；狠抓辅导员学位提升工作和培训基地建设工作，5 年内分批选拔 5000 名优秀辅导员攻读思想政治教育专业硕士学位，选拔 500 名优秀辅导员定向攻读思想政治教育专业博士学位；2006 年，委托 34 所具有思想政治教育博士学位点的高校招收 1000 多名辅导员攻读硕士学位；2008 年，优秀辅导员定向攻读思想政治教育专业博士学位正式启动。

在政策支持和实践需要推动下，高校辅导员培训形式多元化，主要有岗前培训、日常培训、专题培训、骨干培训、学历培训。岗前培训一般由学校统一组织，主要是提高辅导员的基本理论修养和业务知识能力，帮助他们提高认知水平，提高适应能力。日常培训机制依托辅导员基地、协会、论坛等形式具体开展，注重理论和实践的结合。专题培训可以有效地提升辅导员的实际工作技巧和水平。如对外经济贸易大学引进国际标准认证的职业发展提升项目，投入专门的经费，提高专业辅导员的就业辅导水平，开阔了辅导员的理论视野，得到了辅导员的广泛认可。骨干培训可以逐步培养造就一批热爱学生思想政治教育工作，关心学生发展的专家队伍，通过培养专家化的辅导员进一步提升辅导员队伍建设的专业化水平。例如从 2005 年开始，教育部每年选拔大约 30 名辅导员骨干赴英国参加为期三个月的专题研修。

（一）主要问题

1. 重培训形式、轻培训效果

虽然辅导员培训形式多元化，培训重点比较突出，但是由于各级培训没有严格的考核制度作为配套措施，培训更多地表现为一种福利待遇，激励效果强，制约效果弱，这种状态和辅导员培训活动的初衷是不相符的。

2. 培训阶段性强，灌输性强，科学的学习机制有待完善

自《关于进一步加强和改进大学生思想政治教育的意见》（以下简称《意见》）颁布以来，国家、地方各个层面相继出现了辅导员培训的热潮，为辅导员工作水平的提升发挥了积极的作用。但是，学习更应该是持续性的学习，是教师灌输性和个人自觉性有机结合的过程。阶段性的培训工作与持续性学习的内在矛盾并没有真正解决，学习的长效机制没有有效地建立。

3. 培训内容综合全面但是针对性不强

由于培训时间有限，培训内容较多，如理想信念、职业发展、组织管理、心理咨询诸多涉及辅导员岗位职责的理论和实践内容，虽然培训内容比较全面却不能够深入解析，这对于已经了解学生工作基本情况需要进一步提升的辅导员来说，指导意义不突出，一定程度上造成了教育资源的浪费。

4.学历培训覆盖面窄，专业化发展路径有限

由于资源有限和政策规定，真正能够通过单列指标完成辅导员学历提升的人数是非常有限的。学历提升作为辅导员专业化能力提高和职业归属感增强的重要途径，在实践中没有发挥更加广泛的作用，加上辅导员其他专业化发展路径有限，严重影响了辅导员的职业化建设进程。

（二）路径建设

1.将培训重心转移到高校，有利于配置培训资源，提升针对性和指导性

高校辅导员队伍建设起步较晚，加上各高校的具体情况不同，对培训的需求是不一样的。如果改变自上而下的培训规划，实行自下而上的培训需求上报，可以更加有效地分配教育资源，提升教育效果。同时，各高校亲自参与培训规划，有利于提高责任意识，增进培训效果，促使高校不断反思自身建设的现状、需求和发展方向。

2.建立学历培训的灵活机制，为辅导员职业化助力

学历培训是培养专家型辅导员的重要途径。学有所成的辅导员在学科建设、应用理论研究、实践指导方面可以发挥重要的带头作用。通过建立学历培训的灵活机制，可以帮助更多有意于终身从事辅导员事业的人员提升专业能力，如开设假期学校，可以集中时间完成学历培训的基本要求，同时并不影响辅导员自身的工作。

3.重视国外短期培训和国外学历教育的有机结合，拓展国际化视野

英美等国的高等教育发展历史悠久，其理念和做法都有值得借鉴之处，但是，目前在高等学生事务管理方面的国际比较研究成果数量不多，领域较窄。其重要原因之一就是国内学界对于国外的理论和实践的研究没有达到一定的深度。通过国外短期培训和国外学历教育相结合，不断翻译引介相应前沿著作，可以对辅导员工作和思想政治教育工作的国际化视野的拓展发挥积极作用。

三、考核制度

考核制度是对组织成员的工作过程和状态的一种评估。通过考核，可以使组织成员对工作状态有一个比较明确的认识。考核制度是高校辅导员运行机制中承上启下的关键环节，和培训制度、激励制度密切相关。《普通高等学校辅导员队伍建设规定》（以下简称《规定》）明确指出，各高等学校要制定辅导员工作考核的具体办法，健全辅导员队伍的考核体系。在对辅导员的考核中，高校一般采用全面性、公正性、目标性、适应性和应用性原则。全面性原则要求考核的内容全面反映辅导员工作情况；公正性原则要求以工作实际成绩为基础进行评估；目标性原则体现个人目标和组织目标的一致性；适应性原则要求根据情况变化调整考评体系；应用性原则强调考评结果的激励价值。

（一）主要问题

1. 考核主观性强，流于形式

虽然考核内容明确在德、能、勤、绩四个主要方面，但是量化的考核指标很少，无论是个人述职，还是学院、学生、主管部门、领导同事的评价，主观性都比较强。特别是在考核结果与激励措施不直接相关的时候，考核更多的只是流于形式。

2. 考核指标一刀切，没有针对性

由于对高校辅导员的胜任素质体系的研究不是很深入，因此在实际工作中，无论是新入职的辅导员，还是任职多年的辅导员，抑或主管学生工作的学院副书记，只要属于辅导员编制的，基本都是按照统一的考核指标进行考核，没有适用对象的区分，针对性比较差。

3. 考核与培训、激励联动较少

辅导员的考核虽然名义上由组织人事部门、学生工作部门、院（系）和学生共同参与，但是考核结果，特别是考核优秀的辅导员与考核较差的辅导员在培训和激励方面的差距并不是特别大，考核并不和职务聘任、奖惩、晋级及培训等直接挂钩。

（二）路径建设

1. 逐步建立考核的主客观标准

从学科的发展趋势来看，标准化的过程正是专业化能力提升凝练的过程。对于职业内部来说，标准化是统一职业理念、贯彻职业原则、形成职业规范的过程；对于职业外部来说，标准化是专业化的外在表现，是赢得社会认可的重要基础。在辅导员职业化的进程中，高校需要在充分调研的基础上，将理论和实际相结合，逐步打造具有可操作性的考核标准，通过与考核标准的对照，可以使辅导员更明确地认知工作状态，形成自觉的发展动力，进行有目标的个人调整，从而在保证个人发展的基础上，实现与组织发展的良性互动。

2. 考核标准要具有适用性

考核标准要根据高校辅导员的结构体系进行相应区分，要和不同对象的特征相匹配。如新进辅导员，重点考核其适应能力和工作态度；工作五年及以上的辅导员，要重点考核其发现、分析和解决问题的能力；对处于领导岗位的辅导员，要重点考核其学生工作发展规划能力和重大问题的解决能力。

3. 将考核纳入人力资源管理体系中

科学的考核过程固然重要，但是考核作为人力资源管理中的一个环节，不是结果，而是手段，必须和激励、发展等环节结合起来，才能实现考核的真正价值。只有将考核的科学性和考核的应用性完美结合，才能够真正促进高校辅导员的队伍建设，提高辅导员的工作积极性和创造性。特别是对于考核优秀的辅导员，要根据个人的实际情况给予有效的激

励，从而在高校辅导员队伍中营造积极上进的良好氛围。

四、激励制度

在辅导员的队伍建设方面，《意见》指出，"要建立完善大学生思想政治教育专职队伍的激励和保障机制，完善思想政治教育队伍的专业职务系列"。在辅导员的具体发展方面，《意见》指出，"要着力建设一支高水平的辅导员、班主任队伍，学校要从政治上、工作上、生活上关心他们，在政策和待遇方面给予适当倾斜"。

（一）主要问题

1. 物质激励水平较低

物质报酬作为激励因素中的保障因素，虽然大幅度提升不一定会产生显著的激励作用，但是明显偏低报酬会严重削减人员的工作动力。高校辅导员承载着教师和管理干部的双重身份，担负着双重甚至更多的责任，但是从高校平均薪酬来看，辅导员的物质报酬处于中等偏下的水平。虽然《规定》指出，"高等学校要积极为辅导员的工作和生活创造便利条件，应根据辅导员的工作特点，在岗位津贴、办公条件、通信经费等方面制定相关政策，为辅导员的工作和生活提供必要保障"，但是在实际落实的过程中仍旧存在较大难度。

2. 荣誉激励缺乏

按照马斯洛的需求层次论，生活和安全是基本的需求要素，荣誉是更高层次的需求要素。在高校评价体系中，由于辅导员的双重身份和职业地位的不明确，在高校评选优秀教师和优秀管理者的时候，辅导员都处于比较尴尬的境地。这一方面影响了高校辅导员的自我认可，另一方面也影响了其他教师群体和职能部门对辅导员的看法。

3. 发展激励不到位

职业化的核心要点就是职业人可以在职业内成就事业，实现自我价值。相应来说，影响自我实现的发展性因素也是最重要的激励因素。而在辅导员职业发展过程中，发展激励措施常常处于缺失的状态。在高校环境中，对于教师来说，自我实现的最重要的表征就是职称；对于管理者来说，自我实现的最重要的表征就是职务；对于高校辅导员整体来说，在职业化过程中，无论是职称，还是职务，都处于比较被动的地位。辅导员属于思想政治教育教师队伍的组成部分，职称情况更加不容乐观。

《规定》指出，高校在辅导员的评聘过程中，要综合考虑，统筹安排，将科研工作和实际业绩有机结合，制定相应的倾斜照顾政策，不断完善辅导员的职称评定体系。虽然有政策的规定，但是在大多数高校实践中，职务和职称问题仍旧是困扰辅导员工作队伍、影响辅导员职业化稳定发展的重要因素。

辅导员和其他专职教师相比，需要投入更多的时间和精力打理学生事务，在学术研究上很难投入太多。辅导员专业化建设在全国高校也是刚刚起步，专业化团队模式还没有成熟，团队研究实力还没有形成，辅导员普遍信心不足，不愿意尝试"不可能的任务"，这是影响辅导员职称晋升的重要内在因素。根据北京、上海两地高校的座谈访问，发现高校关于专职辅导员的职称评定标准基本是一致的，即参照两科教师的标准，以科研发表为主要考核指标，参照学校不同层次、刊物级别随之调整。以对外经济贸易大学为例，评选副教授要求在相关学科 CSSCI 目录期刊至少发表三篇文章。目前，学科发表文章难度较大，综合性期刊由于办刊宗旨和导向的因素对于思想政治教育类的论文不是特别支持，而思想政治教育的专业期刊非常少，有一些辅导员专业期刊却级别不高，这是影响辅导员职称晋升的重要外部因素。

（二）路径建设

1. 保证辅导员薪酬不低于同级别教师水平

只有对辅导员的工作付出进行合理的评价，才能够实现相对的公平，保障辅导员的工作热情。辅导员弹性工作制度的规范执行以及岗位津贴的考核发放也可以构成辅导员薪酬的组成部分。专门针对辅导员的岗位津贴不仅仅是物质报酬上的补偿，更意味着对辅导员工作的认可。在北京，从 2008 年开始，由北京财政专项拨款支持辅导员队伍建设，辅导员岗位津贴标准为每月 500 元，这在全国各省市产生了广泛的示范作用。这一点极大地提升了北京高校辅导员的工作认同感，也从社会认同意义上提升了辅导员的职业地位，发挥了重要的激励作用。

2. 增加荣誉性奖励措施，奖优罚劣

全国高校优秀辅导员网上评选工作得到了全国大学生的广泛响应和参与；北京、广东等 20 多个省市定期评选表彰"全省高校优秀辅导员"，树立先进典型；天津市广泛宣传，创作了辅导员工作的歌曲《辅导员之歌》、诗歌《我骄傲，我是青春引路人》，上述措施在社会范围内营造了良好氛围，极大地鼓舞了辅导员队伍的工作士气。需要强调的是，对于绩效考核不合格的辅导员，也要根据具体情况及时进行调岗、再培训或者解除劳动关系，坚决避免和杜绝不能够胜任辅导员岗位职责的人继续在岗位上任职，否则既会损害广大学生的利益和权益，也会影响辅导员队伍职业化建设。

3. 事业留人、发展留人

舒伯的生涯发展理论是职业发展的重要理论。该理论整合了心理学和职业社会学的发展成果，将个人的发展提到了重要的地位，重视人类的探索活动和自我发现，强调个人的长远规划，强调生涯发展就是自我实现的过程。辅导员的生涯发展对辅导员的自我实现意义重大。只有在工作中能够实现自我价值，辅导员才能够全身心地投入到职业发展中，并将辅导员工作作为毕生的事业进行追求和探索。而职业能力的发展是辅导员成就职业荣誉、实现自我价值的重要途径。

在职务和职称问题上，为了进一步落实中央和教育部精神，加强高校辅导员队伍建设，

某些高校已经进行了非常有意义的试点，参照辅导员教师和管理干部的双重身份，在职务和职称问题上采用双轨晋升的方式；在行政职级晋升方面，根据工作考核结果、工作年限、工作研究成果等多项指标综合考察，重点考核工作实际业绩，进行相应的职级晋升；在专业技术职务评聘方面，对辅导员实现标准单列、序列单列、评审单列，充分考虑到辅导员工作的实践性和综合性，在各方面给予倾斜政策，鼓励和支持符合标准的辅导员拓展职业空间，实现自我价值，重点扶持有意愿从事学生思想政治教育工作的辅导员深造发展，使其成为专业学科梯队的骨干力量甚至是专家级的领军人物，为建设稳定的辅导员队伍提供制度上的保证。上海市已建立了一套符合辅导员岗位要求和队伍实际的评聘标准和程序，上海高校已有 123 位辅导员获得高级专业技术职务，占辅导员总数的 4.6%。

上面所述为纵向流动，即按照职务和职称问题采用双轨晋升的方式流动；而横向流动，即转向职能管理岗位、专职教师系列或地方管理部门，也成为高校辅导员发展的方向之一。横向流动是在保证辅导员队伍基本稳定的基础上实现的合理流动，有助于实现辅导员队伍的优化配置。无论是纵向流动，还是横向流动，都要体现辅导员工作的专业化特征。只有专业化的发展，才能够成就个人的自我价值实现，才能够成就辅导员职业的良性循环发展，才能够成就高校学生教育管理工作的社会地位。

五、工作模式

模式的本源含义是指事物发展变化的特定方式，体现了事物普遍联系和相互作用的一定规律。而在广泛的实践运用中，模式更多地被认为是具有示范价值的系统的工作方法，如管理模式、组织模式、发展模式等。在辅导员职业发展的历史中，辅导员工作积累了丰富而宝贵的经验，为中国革命和社会主义建设时期的发展提供了重要的思想保障。随着时代的发展和社会需求的变化，传统经验式的工作方式、师徒相授式的技能传承已经不能够适应辅导员职业化发展的客观要求。如何推动辅导员工作从传统的经验型向时代呼唤的科学型的转变，是促进辅导员职业化科学发展的重要课题，特别是微观层面上辅导员队伍组建模式、发展模式存在的诸多问题，需要我们不断进行探索。

（一）辅导员队伍组建模式

在辅导员职业发展的长期实践中，在国家政策导向和社会需求转化的影响下，很多高校形成了各有特色的辅导员队伍组建模式，主要有兼职模式、专兼职模式、专业化团队模式和生活共同体模式。辅导员队伍组建模式的主要问题有以下几个。

1. 兼职模式不能够适应大学生发展的实际需要

清华大学首创的"双肩挑"式的兼职模式在高校思想政治工作中发挥了重要的示范作用。然而，一方面，兼职模式的实施需要具备一定的基本条件，如健全的组织管理、深厚的校园文化氛围、优秀的生源和完善的岗位培训机制等要素，客观上造成了兼职模式使用范围的局限性；另一方面，兼职模式具有工作周期短、工作流动性大和工作专业积累性弱等内在特征，这和大学生的发展诉求之间存在着不可调和的矛盾，极大地制约了大学生的全面发展和辅导员职能的有效发挥。

2.专兼职模式存在着多层面的结构矛盾

目前，专兼职模式是各大高校普遍采用的辅导员队伍组建模式。从辅导员职业发展历程中可以发现，在相当长的一段时间内，不论从国家政策层面的规定，还是高等学校的具体实践中，辅导员以兼职为主成为默认选择。从辅导员职业化正式提出以来，专职辅导员的地位和认同明显提升，即便这样，专职辅导员的编制在众多高校仍然未得到保障。虽然目前大多数学校已经采用"专兼结合，以专为主"的队伍组建模式，但是从高校学生总数与专职辅导员的比例来看，专业辅导员的配备还是相当短缺的。

由以上分析可以发现，专职辅导员工作压力大，没有时间和精力关注和发展自身的核心竞争力。在职业发展路径不明确的前提下，这会导致专职辅导员职业选择中的短期行为，并将辅导员工作看作一个过渡性的岗位，从而对辅导员的职业化发展产生巨大的冲击。

3.专业化团队模式缺乏制度支持和发展动力

专业化团队模式是提升辅导员职业化能力的重要举措。美国、中国香港高校在教育实践中充分运用专业化团队建设模式，在为学生提供专业化咨询和服务的同时，不断深化学生事务管理人员对于专业领域的认识和研究，形成教学相长的良性循环，取得了良好的学生辅导效果，也得到了社会的普遍认可。在中国高校，专业化团队模式在理念上得到了认同，在实践中不断被推进。然而，在辅导员的双重管理体制下，专业化团队模式的管理主体和资源投入主体是很难确定的。只有职业化理念，没有政策制度的支持和持续规划的资源投入，专业化团队缺乏发展的组织动力和物质保证，更多表现为面子工程或者挂牌工程，难以获得实质性发展。

4.生活共同体模式难以承载多项专业性职能

生活共同体模式的产生和发展伴随着高等教育的改革进程。在高等学校后勤社会化改革过程中，很多高校在政府规划下统一迁至大学城，使得规模较大的宿舍园区逐渐形成，这是生活共同体模式产生的客观条件。伴随高等教育学分制的逐步实施，原有的班集体组织模式和小班授课的方式发生了深刻变化，这是生活共同体模式产生的组织背景。生活共同体模式有利于集中管理，这一优势使其成为众多高校，特别是综合性大学的选择。高等学校后勤社会化改革的初衷，就是为了帮助高校摆脱社会性负重，从而能够专心进行高校的改革建设和战略发展。然而，生活共同体模式又在辅导员已经非常繁重的教育、管理和服务工作中增加了新的内容。生活共同体模式的"一揽子"功能解构了辅导员专业化的诉求。

上述问题的存在不仅制约了辅导员工作模式自身作用的发挥，而且深深地影响了辅导员职业化、专业化的发展进程。在高校具体实践中，上述模式更多的是在日常管理方面发挥作用。很多高校并没有从大学生全面发展与辅导员队伍科学化建设角度研究、设计和实施辅导员工作模式。辅导员工作模式关系到辅导员队伍的建设和发展，更关系到大学生非智力领域的拓展和深化。各高校应该根据学校具体情况，采取长期战略和短期战术措施相结合的方式，按照辅导员职业化的基本要求进行组织设计和制度完善，不断推进辅导员工作模式的科学化发展。长期战略措施就是要逐渐弱化甚至取消兼职辅导员和生活共同体模式，加强专职辅导员模式与专业化团队模式的建设，立足于辅导员的职业化专业化，服务于大学生的全面发展。短期战术措施就是要针对各模式存在的主要问题进行整改和完善，在逐渐改革完善的过程中推动辅导员教育、管理和服务能力的提高，形成思想政治教育工作队伍普遍的理念共识。其具体解决路径包括以下几个方面。

（1）以专业化的要求明确兼职辅导员的基本职责

兼职辅导员在辅导员发展历程中占据了重要地位，在很长一段时间内发挥了重要的思想政治和意识形态保障作用，功不可没。现阶段，辅导员职业化水平不高，辅导员工作队伍相关管理体制和运行机制还没有完全理顺，兼职辅导员在高校思想政治教育工作中仍旧发挥着一定的作用。但是，兼职并不意味着非专业化。专业化对于从业人员的专业素养、专业伦理和专业技能方面具有规范性的要求，对于个人专业能力的培养、个人潜能的发掘和提高从业水平具有重要意义。回顾辅导员职业的发展历程可以发现，辅导员队伍中涌现过相当数量的治国英才和行业精英。虽然他们离开了辅导员岗位，但是辅导员岗位的历练使得他们具有坚定的思想政治素质、无私奉献的敬业精神、统筹兼顾的组织能力，这对于他们个人的成功发展是至关重要的。通过兼职模式的专业化建设，可以部分弥补兼职辅导员工作周期短、工作流动性大和工作专业积累性弱等内在缺陷，为更好地完成辅导员的光荣使命奠定必要的专业能力基础。

（2）以充足的编制配备专职辅导员队伍

无论辅导员是以教师身份进行教育活动，还是以管理者身份开展组织管理工作，合理的管理制度都是取得良好工作效果的前提条件。只有高校认真落实国家及教育部的相关政策，给予辅导员队伍发展相应的重视和充足的编制保证，辅导员工作的科学化、精细化才有可能真正实现，大学生的全面发展才有可能真正实现。

（3）明确管理主体和资源投入，促进专业团队化模式的健康发展

专业化团队模式是推动辅导员职业化的重要载体。专业化团队模式作为新生事物，在辅导员双重领导的体制下缺乏明确的管理主体。作为管理主体之一的院系，其精力和资源集中于学科建设、专业教师和高层次人才的培养，对辅导员专业化建设既无暇管理也少有资源投入。作为管理主体之一的学生工作职能部门，虽然从整体上负责全校学生的教育管理工作，负责辅导员的管理培训等事宜，但是其行政管理经费相当有限，面对专业化团队模式的建设投入实是心有余而力不足。强有力的管理主体和必要的资源投入是专业化团队模式的基本条件。因此，在专业团队化模式建设上，高校需要明确更高层级的高校管理主体，可以尝试在高校党委直接领导下成立高校学生工作发展委员会，即由学校党委书记担

任主任，由分管学生工作的党委副书记担任副主任，由学生处、教务处、财务处、各院系主要领导参与组织管理，对于专业团队化模式的构建和发展可以由学生工作职能部门提交方案，由委员会审核通过并付诸实施。

（4）以专业性发展为原则重构生活共同体模式

目前的生活共同体模式更多地体现为辅导员工作地点的变化，工作内容的泛化。辅导员主要是依托院系专业、年级、班级组织开展工作，工作范围广泛，很难在工作中培养专业化能力。这对于辅导员工作水平的提升和大学生问题的有效解决都是根本性的制约要素。因此，高校必须在专业性发展原则基础上重构生活共同体模式的价值，如可以尝试打破院系管理的壁垒，在学校层面统一配备生活共同体模式下的辅导员。辅导员可以根据自身的专业兴趣和专业发展方向，在涉及大学生全面发展的学习指导、心理辅导、社团活动、职业规划等领域开展相应工作，在工作量稳定的基础上实现专业化的质性发展。从另一个角度说，这也是专业化团队模式与高校规模化集中住宿形势的一种有机结合。只有坚持专业性发展的原则，生活共同体模式才能够拥有强大的生命力。

从辅导员队伍组建模式的主要问题和解决路径分析看来，专业化发展是辅导员开展工作需要依据的黄金定律。非专业化的建设理念和非专业化的建设途径，都会对辅导员职业化的进程产生消极影响。辅导员在大力争取外部权利和资源的时候，也要时刻谨记自身的责任和使命，坚持内外兼修，对内提高自身作为辅导员从业人员的专业素质，对外加强辅导员体制机制建设，通过自身的作为赢得广泛的社会认可，最终实现职业化水平的提升。

（二）辅导员队伍发展模式

辅导员的职业化发展离不开辅导员队伍的发展。辅导员队伍发展模式在提高辅导员个人专业素养和综合能力，提高辅导员群体的凝聚力和战斗力方面具有重要意义。通过对辅导员工作的普遍实践进行归纳总结，辅导员队伍发展模式主要有组织推动型模式、学习型团队模式、项目管理小组模式。辅导员队伍发展模式存在的主要问题有以下几个。

1. 组织推动型模式重视外延拓展而忽视内涵建设

在国家政策的积极影响下，为进一步推动辅导员队伍建设，辅导员主管部门和相关组织给政策、搭平台、出经费，通过培训基地建设、学位发展计划等具体措施为辅导员职业化发展提供组织支持。北京、上海等城市在组织推动方面发挥了示范作用。

然而，组织推动型模式较多关注覆盖范围，缺乏对过程的科学设计和有效监控，对于内涵要求没有明确的界定，这在客观上影响了组织推动型模式的长期效果。从各省市的普遍实践来看，培训工作是组织推动型模式的重要途径。而辅导员培训工作中"重视广泛性，缺乏针对性""重视灌输性，缺乏主体性""重视资格认证，缺乏监督考核"等内在矛盾也严重制约了组织推动型模式的发展。

2. 学习型团队模式呈现零散化、自发性，缺乏行政整合和学科专业力量支撑

"学习型组织，是指能够有意识、有系统和持续地通过不断创造、积累和利用知识资源，努力改变或者重新设计自身以适应不断变化的内外环境，从而保持可持续竞争优势的组织。"学习型组织在高校辅导员实践中呈现出不同的表现形式，如组织性较强的辅导员协会、交流互动性较强的辅导员沙龙和论坛、研究性较强的科研课题团队等，其在辅导员队伍职业化建设中发挥了重要意义，特别是在统一内部认识、扩大对外宣传方面提供了更加民间化、生活化的渠道。

然而，从全国来看，学习型组织模式发展很不平衡。现有的辅导员协会、辅导员沙龙和论坛、辅导员专业期刊和以辅导员为主体的科研团队，没有广泛的学科影响力。这种零散化、自发性的学习型组织基本状态不能够适应辅导员队伍建设和发展的需要。

3. 项目管理小组模式非常态化特征明显，重视实务工作忽视理论建设

项目管理小组模式最初是管理科学中的概念，主要指在组织任务完成需要多层面人员参与的时候，从传统的组织机构中抽调相应人员组成特定项目管理小组，有利于灵活机智、及时有效地解决问题，实现组织目标。从项目管理的基本要求可以看出，其具有暂时性、灵活性和平等性等特征。

项目管理小组模式在高校教育实践中占据着重要地位。然而，由于项目管理小组模式只是与重大、紧急任务相联系，其在日常学生管理和辅导员持续发展中发挥的作用非常有限。同时，重大活动积累的宝贵经验难以转化成理论，项目管理小组模式的意义、价值很难得到广泛推广和深入传承。

总结辅导员队伍发展模式的主要问题，可以发现集中在两个方面：第一，辅导员队伍发展缺乏明确、权威的管理主体；第二，辅导员队伍发展缺乏学科专业力量的有效支撑。因此，要解决上述辅导员队伍发展模式的主要问题，应该从以下几个途径入手。

（1）明确辅导员管理的权威行政主体

教育部作为教育的宏观管理部门，更多的是在辅导员的发展政策和规章制定方面发挥重要作用。从辅导员队伍建设的具体规划和运作角度来考察，行政权力的分散运作，不利于资源的统筹安排，也不利于辅导员队伍的建设。如果在教育部相关规定的基础上，设置全国性的辅导员工作主管机关，对各省市、各高校不同层面的辅导员工作发展目标和任务进行规范，搭建辅导员工作管理主体的立体组织架构，对辅导员职业化的发展将是重大的组织保障。明确辅导员管理的权威行政主体，有利于统一发展理念，明确发展目标，整合发展资源。在明确的组织管理体制中，辅导员工作的主要问题可以及时反映给各层次的主管部门；上级主管部门可以通盘考虑辅导员工作的部署安排，在征求各方面专家学者意见的基础上，制定科学决策和具体制度，并以行政命令的方式及时有效地贯彻到各高校的具体实践中。

（2）重视学科价值，大力发展辅导员专业组织

学科发展在专业化发展中具有根本性的意义。在辅导员职业化水平较低的现阶段，高校更要重视学科发展及其知识论基础对辅导员工作科学化的指导价值；根据高校辅导员工作实践性的特点，努力在思想政治教育学科的应用理论研究和实证研究方面寻找学科生长点；根据高校辅导员工作综合性的特点，在交叉学科视野中，运用多学科的理论和方法进行创新研究。如果说辅导员的权威管理主体代表着等级系统的垂直方面，那么从某种意义上讲，辅导员的专业组织就代表着部门化的水平方面。因此在统一高效的行政管理体制之外，高校还要充分调动专业组织的活力，发挥专业组织在专业发展、工作标准制定、伦理道德规范方面的重要作用，使行政管理和专业组织管理优势互补，搭建多层次、全方位的组织管理体系。

辅导员职业化发展是时代发展的呼唤，是社会建设和人才培养的需要，是辅导员队伍建设的主体性诉求。在国家的政策支持和各方面的协同努力下，辅导员职业化进程正顺利展开。辅导员的双重身份为辅导员职业化的现实发展创造了良好的政策环境、营造了良好的社会舆论，给予了支持性的物质保障。辅导员职业化的发展，一方面要依托双重身份的政策优势，抓住历史发展机遇，实现内外兼修；另一方面要积极应对挑战，努力解决学科建设、行业组织建设、高校系统、管理体制和运行机制建设方面的深层次矛盾和问题。只有以科学发展的态度面对历史机遇与挑战，积极推动辅导员职业化进入更加成熟的阶段，才能逐渐摆脱辅导员双重身份的界定，最终塑造辅导员独特的身份特征。这将是辩证发展的历史过程，但无论从辅导员组织层面，还是从辅导员个人层面，都应当有这样的价值追求和专业愿景。

第七章 "互联网+"背景下高校辅导员职业化发展建设现状和路径

第一节 "互联网+"背景下高校辅导员职业化现状

自 1999 年教育部出台的《面向 21 世纪教育振兴行动计划》提出高校扩招后，2013年全国各类高等教育在学总规模达到 3460 万人，高等教育毛入学率达到 34.5%。2019 年高职扩招 100 万人，高等教育毛入学率超过 50%，我国由此迈入高等教育普及化阶段。高校扩招放宽了学生年龄限制，鼓励退伍军人、退役运动员、下岗职工、返乡农民工等通过社会招考方式考入高等教育学校。一方面，随着高校扩招，有更多的人可以享受高等教育条件，提高就业率，拉动内需；另一方面，高校扩招也导致了生源素质下降，学生年龄差距、教育背景、社会阅历不同，增加了高校学生管理工作压力。

此外，根据 2020 年 4 月 28 日，中国互联网信息中心（CNNIC）发布第 45 次《中国互联网络发展状况统计报告》显示，截至 2020 年 3 月，我国网民规模达到 9.04 亿，互联网普及率达 64.5%。互联网技术的普及和愈加成熟，给人们的生活带来便利的同时，也使人们的思维方式、价值观、行为方式发生着潜移默化的改变。作为深受网络时代影响的当代大学生，由于自制力不够，容易受不良诱惑驱使，对网络世界信息判断能力不足，容易迷失网络世界，形成不良的世界观、人生观和价值观。这也给学生管理工作，尤其是网络思想政治教育领域带来极大的挑战。

2017 年 10 月 1 日起施行的《普通高等学校辅导员队伍建设规定》提出，"辅导员是开展大学生思想政治教育的骨干力量，是高等学校学生日常思想政治教育和管理工作的组织者、实施者和指导者"，辅导员的主要工作职责有九条，其中网络思想政治教育要求辅导员要运用新媒体新技术，推动思想政治工作传统优势与信息技术的高度融合，构建网络思想政治教育重要阵地。在"互联网+"背景下，辅导员思想政治教育工作面临诸多挑战。

一、"互联网＋"时代下高校辅导员职业化面临的挑战

（一）网络信息的多元化冲击着大学生的价值观

随着互联网的迅猛发展，当代大学生可以便捷地通过网络世界获取资讯，享受网络给生活带来的便利。与此同时，多元化的网络环境和不良的思想不断冲击着大学生的传统道德和价值观念，这对学生的身心健康发展造成不良影响，尤其是本身意志力薄弱的学生群体，例如拜金主义、享乐主义、奢靡主义和精致利己主义等，无不与主流价值取向、社会主义核心价值观背道而驰。因缺少网络监管，一些道德失范的言论和行为开始在网络滋生，例如不正当言论、失范的影视资料等的传播。

（二）西方意识形态的侵袭

随着网络时代的到来，全球一体化进程迅速加快，世界各国、各地区之间的文化，包括美食、生活、教育等，都可以通过网络共享。占领网络思想政治教育成为一个国家文化软实力的体现之一。而当代大学生对于网络信息的辨别能力不强，容易受到各种错误思潮的侵袭，甚至产生不良的价值观念。

（三）上网成瘾，社交障碍滋生

随着网络的便捷性和手机的智能化及平民化，人手一部智能手机已成普遍状态。一部手机可以满足一个人基本的生活需求，饿了可以足不出户点外卖，衣服可以淘宝，甚至一些简单的便民服务也可以在网上办理。大学生活相对宽松，可供大学生自由支配的时间较多，这就导致一部分学生沉迷电脑游戏、手机游戏以及如火如荼的直播，因此出现了一批行走在路上的"低头族"。网络占据着大学生大部分的课外时间，挤占着学生户外活动时间、与他人面对面地交流的时间。久而久之，同学之间的关系越来越疏离。而缺少人际交流沟通的机会后，学生更是把网络当成自己情感的寄托。个别学生把网游、淘宝、网上交友当作生活的全部。此外，手机智能化也在一定程度上弱化了学生独立思考、辨别是非的能力，加大了高校辅导员对大学生的监管力度和难度。

二、"互联网＋"时代下高校辅导员职业化工作中存在的问题

随着我国高等教育改革的不断深化，当前高校思想政治工作的内容发生了很大变化，学生工作和其他工作不断融合和交叉。同时，我国的互联网行业正朝着设备智能化、共享化、多元化发展，大学生的交往方式、消费模式、阐述观点的途径也随之发生变化。新时期的辅导员工作正面临着新的挑战，存在的问题主要有以下几个方面。

（一）日常管理工作对信息化手段的过度依赖

目前，很多高校辅导员主要依靠电脑、手机等信息工具与学生联系，日常的管理工作流于形式，无法有效建立与学生之间的情感和信任。这容易导致辅导员不能及时掌握学生的发展动态，不利于制定有效的危机处理机制。

（二）缺乏面对面的沟通，对学生的个性了解不够

当代大学生个性比较强、自我肯定意识强、价值观多元化，通常喜欢通过信息化手段与辅导员进行沟通。由于缺乏面对面的沟通，辅导员对学生的个性了解不够，盲目利用方便快捷的信息化沟通手段对学生进行统一管理，容易忽略不同学生的差异性。在这种管理环境下，学生管理者不能充分了解学生的个性，不能制定具有针对性的管理措施。

（三）对信息的辨别力和敏感度低

当今社会经济快速发展，社会各领域产生巨大变革，信息快速大量传播，辅导员需要对学生进行正确引导。部分年轻辅导员对信息甄别敏感度低，不能有效及时地把握舆论发展。

第二节　"互联网＋"背景下高校辅导员职业化的必要性和可行性

一、"互联网＋"时代高校辅导员职业化的必要性

高校辅导员队伍的职业化建设，是落实立德树人根本任务的重要保证，有利于辅导员队伍的稳定和整体素质的提升，增强辅导员的职业吸引力，提高思想政治教育工作的实效性。近年来，为适应教育改革与发展形势的需要，面对学生人数增加、职责范围扩大、工作要求提高、工作难度加大等新情况，高校辅导员队伍职业化建设一直在不断推进，并取得了一定的成效。但是，随着形势的不断发展和工作要求的提高，当前高校辅导员队伍普遍存在人员更替快、流动性大、经验积累不够、稳定性缺乏、专业化水平不高、职业化发展受限等问题。这些问题直接影响和制约了学生工作的深入开展和辅导员队伍建设的快速发展。特别是和国外高校学生事务管理工作的先进经验相比，国内高校在辅导员职业化程度方面仍存在着较大的差距。随着社会的不断发展进步，高校辅导员队伍职业化问题显得更加紧迫。从根本上讲，高校辅导员职业化是社会分工和职业发展的客观结果。当今社会各种职业之间的差异逐渐扩大和细化，不同职业对各个行业的从业者都有着个性鲜明的要求。只有实现职业化，才能不断提高工作效率和社会价值。由此可见，高校辅导员队伍要

拥有良好的职业前景，与所从事的事业共同成长，必须走职业化发展道路。

（一）国际国内形势发展的客观要求

从国际形势看，全球化程度的不断提高，客观上要求高校辅导员队伍必须进行职业化建设。当今世界各国经济互相渗透，文化交流日益增强，给人们原有的世界观、人生观、价值观带来一定的冲击。作为大学生成长成才的引路人，辅导员自身的思想观念会对学生造成深远的影响。这就要求辅导员在引导学生自觉抵制各种不正确的思想观念的同时，也要特别注意自身道德修养建设，努力提高自身的综合素质，调整知识结构，始终走在学生前面，满足学生不同时期、不同层次的需要。

从国内形势看，当前，随着社会经济成分、组织形式、就业方式、利益关系和分配方式日益多样化，思想文化和意识形态也必然呈现多样化状态，这直接或间接影响着青年学生的思想观念和价值取向。十七大报告明确指出，我们要将社会主义核心价值体系深入人心，进一步弘扬良好的思想道德风尚。辅导员作为对青年学生进行思想政治教育的主要工作者，有义务、有责任担负起大学生价值观教育和思想道德教育的重任。如何在市场经济条件下对大学生进行价值取向和行为选择的正确引导，如何在多种文化的环境中坚持社会主义意识形态的主导性，成为当前高校辅导员队伍亟须研究和解决的重要理论问题和实践问题。

在当前国内外形势深刻变化的情况下，建立一支职业化的高校辅导员队伍，充分了解大学生的思想实际，深入研究大学生思想政治教育的规律，正确引导大学生增强政治鉴别力，是一项重大而紧迫的战略任务。

（二）高等教育社会化、大众化的现实需要

随着经济社会的迅速发展，我国高等教育日益开放，与社会生活之间的联系越来越紧密。高校学生工作必须积极应对高等教育社会化的挑战，不断强化学生工作的社会化意识，确立科学、法制、开放和平等的教育观念，进一步完成由机械被动的管理模式向开放互动的管理模式转变，以确保高校学生工作能更好地维护学生的合法权益，满足学生成长成才的愿望。为此，必须加强辅导员队伍职业化建设，使其能更好地承担这一任务。

自20世纪90年代末以来，高校招生规模迅速扩大，高等教育进入大众化阶段，给高校学生工作带来许多新的问题：高校学生生源结构呈现出多样化、复杂化的特点，学生的地域范围、知识结构、思想素质差异较大；办学条件一时跟不上规模扩大的需要，超负荷运转，对教育教学的组织管理、学生教育管理的实施都带来了不良影响；随着学分制的实施和后勤服务社会化的推进，学生自由空间较大，组织纪律性下降，集体观念弱化，以宿舍为纽带形成的生活群体和以兴趣爱好相同而形成的兴趣群体逐渐成为学生集体活动的主要载体，给有效开展学生工作增加了难度……辅导员工作在学生教育管理第一线，他们最能及时掌握第一手信息，最能把握学生的情绪，最能了解学生的要求，最能贴近学生的情

感。而这些新情况的不断涌现，对学生工作者提出了挑战，现有的高校辅导员队伍难以应对，因此，必须加强高校辅导员队伍职业化建设，更好地引导大学生正确对待学习、生活、情感和就业等方面的问题，及时化解各种矛盾，维护校园和谐、稳定，促进高等教育事业持续健康发展。

（三）当代大学生健康成长的迫切要求

当代大学生中，独生子女比例很大，他们的思想观念呈现出一些显著的特点和问题，需要职业化的辅导员队伍加以教育引导。我国正处于经济社会快速发展的新时期，移动通信、互联网等现代通信手段发展迅速，西方资本主义的价值观念、生活方式通过各种途径展现在大学生面前，使他们具有了较广阔的视野。但是大学生正处于"三观"形成、发展、成熟的关键时期，他们具有思想活跃、易于接受新观念等特点；同时，面对大量西方文化思潮的巨大冲击，他们难以分辨是非，难以抵御一些消极思想的侵袭。一些大学生身上不同程度地存在着政治信仰迷茫、理想信念模糊、价值取向扭曲、个人主义突出、诚信意识淡薄、社会责任感缺乏、艰苦奋斗精神淡化、团结协作观念较差、心理素质欠佳等问题。此外，当代大学生非常渴望全面培养自身的素质，但是自身阅历有限，面对学业、生活、情感、就业中产生的各种各样的问题，难免会产生困惑和心理负担，迫切需要得到有效的帮助。辅导员应该责无旁贷地承担起疏导学生的艰巨任务，但是学生的困惑千奇百怪，要想切实指导和帮助他们难度很大。这就对辅导员的素质提出很高的要求。加强高校辅导员队伍职业化建设是新形势下提高学生教育管理实效性的必由之路。

（四）提高辅导员队伍素质的有效途径

当前，高校学生辅导员队伍在专业知识、理论素质、职业素养等方面存在一定问题，不能满足学生工作的需要。目前，高校辅导员在专业结构上可谓五花八门，许多辅导员只经粗略培训即匆忙上岗，缺乏足够的思想政治教育理论素养及学生管理相关专业知识，如心理学、教育学、社会学、管理学、伦理学、职业生涯规划等方面的知识，工作时主要依靠感性经验。这导致许多辅导员勉强可以应付日常学生管理工作，但对于深入研究学生思想问题，解决学生心理困惑就显得力不从心，难以对学生进行更加深入、细致、有效的教育与引导。当今世界信息传递方便快捷，辅导员和学生获取的信息量几乎是相同的，辅导员作为教育者必须比学生站得高、看得远，否则学生不信服，就无法开展有效的教育管理与引导。这要求辅导员必须具备较强的职业素养，树立终身学习的理念，紧跟时代步伐，与时俱进，不断补充知识储备，全面提高自身素质和能力。因此，要有效提高高校辅导员队伍的整体素质，就必须对辅导员进行职业化建设。

（五）实现辅导员工作科学化的内在要求

辅导员工作是一门科学性、专业化的工作，之所以这样说，是因为：第一，辅导员工作的对象是当代大学生。他们年轻、文化层次高、思想活跃、反应敏捷、善于独立思考、敢于标新立异、涉猎的知识领域越来越广。工作对象的这一特点，决定了辅导员工作不能在低层次上运作。譬如：大学生对瞬息变化的国际、国内形势，对社会难点、焦点、热点问题，对人生价值、婚恋、就业、人际关系等方面存在困惑，渴望得到的答复绝不是简单地说"是"或"不"。他们不仅要知其然，更想知其所以然。所以，辅导员要给予他们有理有据、深入浅出、令人信服的回答。如果没有深厚的理论功底和知识储备是做不到这一点的。第二，大学生的行为管理是辅导员的重要工作之一。辅导员的管理职能，是以思想政治教育为主线，寓教于党团建设、评奖选优、违纪处理、组织管理、课外活动指导、学习指导、就业指导、心理咨询等方方面面。要做好这些工作，辅导员必须具有一定的政治理论水平，具有扎实的教育学、管理学、社会学、行为科学、心理学、伦理学等方面的知识。所以说辅导员工作是以多学科知识为基础的专业化工作，是具有科学性的活动。所以，高校需要建立一支职业化的辅导员队伍，以提高辅导员工作的水平，实现辅导员工作的科学化。

（六）加强和改进思想政治教育工作的迫切需要

世界政治格局异常复杂，多元文化和思潮相互激荡。在这种情况下，高校必须建设一支职业化的辅导员队伍。这是加强思想政治教育，引导学生增强理想信念，培育和践行社会主义核心价值观，切实提高思想政治教育实效性的基本保障。在继承和发扬传统思想政治教育优势的基础上，高校也要积极面对多样性、复杂化环境下大学生思想政治教育工作的需要，努力创新和探索，进一步增强思想政治教育的实际效果。只有建立一支专业化、职业化的辅导员队伍，才能更好地完成思想政治教育这一充满变化和挑战的工作，才能从整体上提高辅导员队伍的综合素质，才能深入研究和把握思想政治教育的科学规律，才能在实践中不断改进工作的方式方法，进而提高大学生思想政治教育的有效性。因此，辅导员队伍不应当是临时的和快速流动的，而应该是向职业化方向发展的，只有全力以赴才能做好大学生思想政治教育工作，才能提高学生思想政治素质。

（七）高等教育改革和发展的必然要求

当代大学生正处于世界观、人生观、价值观形成的关键阶段，思维活跃，需求多样，但缺乏辨别力，自我约束能力较弱。这就需要有专门从事思想政治教育工作的职业队伍与学生进行沟通与交流，引导他们成长成才，维护高校稳定和推动高等教育事业改革。国际形势的变化和国内改革的深入，特别是高校的扩招和规模的扩大，使学生群体的特点与以往相比有了很大变化，其思想独立性、选择性、变异性、差异性显著增加，思想政治教育、品德引导、心理咨询、职业规划、就业服务、助学帮困、党团建设、社会实践、恋爱婚姻等与学生有关的事情越来越多。这对从事大学生思想政治教育和管理服务工作的高校辅导员也提出了更高的要求。多元文化环境下，大学生发展多样化的需求迫切需要高校辅导员提供更全面、更专业的指导与服务。只有保证辅导员的专业化培养和职业化发展，才能确保广大辅导员胜任这一专业性要求非常高的工作，才能适应大学生日益强烈的成才需求。

（八）辅导员群体自身发展的有效途径

辅导员的工作对象是数以百计的心智尚不完全成熟，且特点和个性各异的青年学生。与教师相比，辅导员在职业前景、收入待遇、职称评聘等方面都不同程度地受到限制。如此一来，许多年轻人不可能将辅导员作为终身职业和事业发展目标，自然也不可能全身心投入工作。由此，推进职业化，构建适合辅导员成长的职业发展体系，是推动辅导员队伍持续发展的必由之路。在现阶段，辅导员队伍建设到底是要形成"人口旺""出口畅"的良性循环，还是要形成一种稳定持久的局面？其评判标准，是看哪一种情况对工作更有利，能够更好地培养人才。辅导员的职业化发展思路、方向和目标还是要根据各高校的实际情况，进一步加以思考和研究。辅导员职业化发展不能一刀切，也不能一蹴而就，要有计划、有步骤地推进。

如果高校辅导员将工作长期停留在经验型发展阶段，不积极主动推进专业化和职业化进程，那么其职业生命就会萎缩，甚至被其他职业代替。事实上，许多年轻的辅导员基础素质很好，也有在这一岗位长期工作并有更高层次、更高水平发展的愿望。但高校要为他们提供一个良好的专业化培养和职业化发展的平台，才能满足广大辅导员自身发展的愿望。一方面，辅导员经过专业化的培养，不断提高自身素质，持续地向社会提供优质的、专业化的服务，从而从根本上解决辅导员职业的社会认同问题；另一方面，高校通过制定辅导员职业标准、建立辅导员职称职务序列、完善辅导员职业管理制度、发展专业团体等，才能有效地解决辅导员的归属感和职业忠诚度问题。

二、高校辅导员职业化的影响因素

（一）辅导员队伍总体上属于管理型而非教育型

当前辅导员在工作上存在忙于管理事务而弱化教育、以管代教、以管理者为中心等问题。这既影响了辅导员的工作效果，又使辅导员难以提高专业水平。由于一些高校对辅导员工作定位不明确，辅导员要接受学校与院系的双重领导，随时都要接受学校的各级党政管理职能部门布置的任务和本院系布置的工作事务，他们俨然成了学生的"保姆"、校职能部门的"勤务兵"、院系的"服务员"，是"万金油"式的干部。职责不清、定位不明使辅导员整天忙于管理事务，没有时间和精力去学习、研究和总结，阻碍了其专业水平的提高。管理虽然具有一定的教育功能，但不能代替教育，尤其是当这种管理带有明显的强制色彩时，其教育功能更趋弱化。有人片面地认为，辅导员的职责就是管住、管好学生，因而兵来将挡、水来土掩，过分偏重行政权、奖励权、惩罚权等约束之权的运用，缺乏结合具体案例由点及面、由此及彼对学生进行教育的自觉意识和高超艺术，不知不觉中陷入被动境地。在日常工作中，辅导员把自己放在中心和支配的地位，把学生放在被动和受支配的地位，忽视受教育者的主体性和主动性，其管理思维的出发点是"我愿意怎样管理"，而不是受教育者"需要什么样的管理"，形成了我说你听、我管你服的权威管理逻辑。实际上，这种权威管理的局面并未真正形成，大学生年级越高越难管、辅导员心有余而力不足的事实已经向我们提出了辅导员专业水平亟须提高的要求。

（二）辅导员工作范畴为"全职型"而非"专业型"

高校辅导员是大学生思想政治教育的管理者和组织者，是高校正常教学秩序的直接维护者，是大学精神的直接营造者和传播者，是大学生的人生导师和知心朋友。近年来，高校辅导员的工作范畴随着社会发展和高等教育改革的深入而日益扩大。由于事务性的工作增多，辅导员已经不仅是大学生思想政治教育的管理者，同时也是大学生心理健康的教育者、职业生涯规划和就业工作的指导者、校园文化活动的召集者、生活上的引导者以及所有与学生有关的事务工作的处理者。辅导员工作范畴的"全职型"，不是辅导员工作有相应的专业划分，使得辅导员难以在某一专业方向深入研究和实践，这在一定程度上阻碍了辅导员专业水平的提高。

（三）辅导员学科知识结构不合理

辅导员的工作职责要求辅导员不仅要具备专门的教育工作能力和相应的思想政治教育基础知识，还要具有教育学、心理学、管理学、社会学等相关学科的专业背景知识。专业化的辅导员知识结构体系应包括本体学科知识、基础学科知识、应用学科知识、相关学科知识和背景学科知识，例如思想政治教育学知识、马克思主义理论知识、演讲的技巧、写作的方法等，另外还有德育学、教育心理学、传播学、公共关系学等学科的知识也是辅导员开展工作时经常会涉及的。而当前辅导员队伍的学科知识结构和应当具备的专业要求还有一定差距，许多辅导员仅仅具备基本的思想政治教育知识，缺少许多应用学科知识。

三、"互联网＋"时代高校辅导员职业化的可行性

（一）高等教育的改革和发展为辅导员职业化建设提供了契机

随着我国高等教育的大众化以及教育改革的不断深入，高校在规模、结构、体制等方面发生了巨大的变化。

首先，从1999年开始我国高等教育经过连续多年扩招，高校在校生的总规模已从1998年的643万人，增加到2020年的4183万人。这么快的增长速度，给高校各项工作包括学生工作带来了严峻的挑战。同时，我国的高等教育改革也在深入进行，高校精简机构，紧缩编制，导致辅导员个体的工作量不断增加，其工作时间、工作精力无法得到保证，学生工作也就无法完全做到位。

其次，后勤社会化、大学合并带来的大学城式的公寓式管理、弹性学分制的实行、贫困生贷款制度的实施、毕业生的就业问题等，这一系列伴随着高等教育改革而来的新情况促使辅导员要及时获取第一手信息，与学校各相关机构，如教务处、学生处、就业指导中心、后勤等部门保持紧密联系并取得各部门的通力合作。辅导员只有转变工作方式方法才能适应新的工作要求。

再次，在日益激烈的竞争中，各高校开始把战略重点从规模、数量的扩大转到教育教学质量的提高上，而培养高质量、全面发展的人才的先决条件就是大学生思想道德水平的提高，这一重任无疑落到了辅导员及其他思想政治教育工作者的身上。辅导员作为学生思想政治教育和管理的一线工作者，更是责任重大。

最后，现阶段我国提出建设社会主义和谐社会，大学应成为和谐社会的重要组成部分。辅导员应培育出和谐的学生群体，共建和谐、文明的校园。

总之，高等教育的改革和发展给辅导员队伍建设带来了严峻的挑战，但同时成为辅导员职业化发展的契机。推进辅导员队伍的职业化建设，建立一支高素质的辅导员队伍是高校人才培养系统的基础工程，这一工程的实施在新的形势下显得更加重要。

（二）学生工作为辅导员职业化建设提供了空间

时代的发展让大学生处在越来越复杂的环境中，各种多元的非主流思想正侵蚀着大学生的思想领地。如何用社会主义核心价值体系引领多元化的社会价值观是大学生思想政治教育的新课题。当前的大学生在学习与教育方面，重视增长才干、重视实用技能但轻视人文精神的培养；在人际交往方面，越来越表现出开放性、实用性和多样性等，部分大学生对诚信的轻视成为他们人际交往乃至人生发展的直接障碍；在性健康与婚恋方面，心理健康问题不少；在就业创业方面，日趋理性与实际，迷恋大城市，不愿意到艰苦的地方尤其是到中西部地区就业的情况比较明显。

当代大学生群体出现的新特点反映到现阶段高校学生工作中，就是层出不穷的学生问题。这些现实问题如果得不到妥善解决，必将影响大学生正确思想、意识、观念的形成，为他们的人生发展埋下隐患。加强大学生思想政治教育已迫在眉睫，辅导员应帮助大学生树立正确的世界观、人生观和价值观，以及加强道德教育、法制教育、诚信教育、心理辅导、职业规划指导等。但这些专业性很强的教育内容不是凭经验和热情就能完成的，只有经过专门、系统培训的辅导员才能正确分析和解决新形势下学生群体出现的这些新问题。

因此，高校为应对新形势，势必会促使辅导员队伍向职业化方向发展，让辅导员在学生工作中不断学习和进步，提高工作水平。

（三）思想政治教育专业的发展为辅导员职业化提供了专业保证

在现代社会，一项专门的职业一般都有相应的专业作为支撑，也为专业活动提供理论知识和方法的支持以及人才的培养。高校辅导员工作是一项专业化的工作，需要专门的知识和技术，当然也需要一定的专业作支撑。思想政治教育专业就是辅导员工作的支撑专业，思想政治教育专业的发展为辅导员队伍职业化提供了基础。

思想政治教育专业经过了 20 多年的发展，设置这一专业的高校从最初的 12 所发展到 170 多所；从最初开办本科、双学位班，发展到开设硕士点、博士点，为辅导员队伍职业化的发展奠定了历史基础。

一方面，思想政治教育专业的发展为辅导员工作提供了理论基础知识和方法。目前的思想政治教育专业已经初具学术规模和学术底蕴，辅导员队伍建设可以以思想政治教育理论为依托，促进辅导员队伍素质转变，改变辅导员队伍素质的整体构造，从而推进辅导员队伍职业化的进程。

另一方面，思想政治教育专业已经为辅导员队伍培养了大批人才，并承担着辅导员培训的任务，正促使着辅导员队伍走向知识化，从而改变辅导员队伍低知识、"保姆"形象。随着思想政治教育理论与实践的创新、专业的发展，培养辅导员的学科依托力量会不断加强。

（四）党和政府的系列措施为辅导员职业化提供了制度保障

中共中央、国务院于 2004 年 8 月发布《关于进一步加强和改进大学生思想政治教育的意见》（以下简称《意见》）。《意见》明确指出："思想政治教育工作队伍是加强和改进大学生思想政治教育的组织保证。大学生思想政治教育工作队伍主体是学校党政干部和共青团干部，思政理论课和哲学社会科学课教师，辅导员和班主任。"《意见》不仅确立了辅导员和班主任的主体地位，而且明确规定："辅导员、班主任是大学生思想政治教育的骨干力量，辅导员按照党委的部署有针对性地开展思想政治教育活动，班主任负有在思想、学习和生活等方面指导学生的职责。"辅导员和班主任与其他思想政治教育工作人员一样，"都要坚持正确的政治方向，加强思想道德修养，增强社会责任感，成为大学生健康成长的指导者和引路人"。教育部在贯彻落实中央文件的过程中制定的《关于加强高等学校辅导员班主任队伍建设的意见》指出："加强辅导员、班主任队伍建设，是加强和改进大学生思想政治教育和维护高校稳定的重要组织保证和长效机制，对于全面贯彻党的教育方针，把大学生思想政治教育的各项任务落到实处，具有十分重要的意义。"

各级政府和高校更加重视大学生思想政治教育，包括辅导员在内的高校思想政治教育队伍建设；教育行政主管部门也据此制定了辅导员队伍建设的具体政策。这一系列措施为辅导员队伍职业化建设提供了理论指导、政策支持和制度保障，为辅导员队伍职业化建设创造了空间。

（五）国外发展经历为辅导员职业化提供了可借鉴的经验

与我国高校辅导员相对应，西方发达国家高校设有专门的学校社会工作岗位，一般称之为学生事务。美国高校向来重视学生工作，在学生事务管理方面已经非常成熟和完善，形成了一整套的职业化管理模式和经验。

美国高校学生事务管理在经历学生人事工作、学生服务等阶段后，现在已经实现了职业化，而职业化又促使学生事务管理的成长、成熟。这些都为我国高校辅导员队伍职业化发展提供了经验，值得借鉴。

第三节 "互联网＋"背景下高校辅导员职业化的内涵和路径

一、高校辅导员职业化的内涵

高校辅导员历经 50 多年的演变，现在已经具有多重角色，比如是党的路线、教育方针的传播者，是培养社会主义建设人才的教育者，是学生学习生活的管理者，是学生心理健康问题的疏导者，是学生职业生涯规划辅导、就业的指导者，等等。在维护高校稳定、培养学生成长成才方面，辅导员角色的重要性愈加凸显。加之当前高校学生辅导员的从业人数已经非常庞大，辅导员角色也必然会改变过去"仅仅作为高校中一个岗位"的形象而向职业化方向发展。

（一）辅导员职业化的历程：从岗位到职业

鉴于辅导员角色的发展现状，我们可以从"定位、职责、功能、价值"四个方面来理解辅导员角色的内涵，形成辅导员职业化发展的共识。

1. 定位

目前对高校辅导员角色定位的理解至少有五种思路，即思想政治教育的工作者、学生事务服务者、德育教师的辅导咨询顾问、班级的领导者和管理者、高校和地方党政后备干部的重要来源等。正是由于我国高校辅导员角色定位的复杂性，很多辅导员在逻辑上很难辨清自己的职业到底是一种什么样的性质。

要想促进辅导员队伍职业化建设，首先就要确立辅导员是教师这样一个理念。只有把辅导员认定为教师，才有可能从根本上解决辅导员队伍建设中所遇到的诸如职称、职级、发展及专业等问题的困扰。我们还应清醒地看到，辅导员是以思想政治教育为工作中心的教师，其职责有别于任课教师。辅导员更多是通过"学生事务"这样的载体，不定时、不定点，以问题为中心，实现对学生的教育与影响。

2. 职责

明确辅导员的职责，是辅导员职业化发展的前提。辅导员，顾名思义，包括"辅"和"导"两个方面。"辅"在汉语中是辅助的意思，帮助或与别人共同完成某一项工作；"导"

是有选择的帮助，主要体现在对方法和方向的指导。

高校辅导员的"辅"主要体现在以下几点。首先是辅助教师为主的教学活动。辅导员对教学活动的"辅"是多方面、多角度的，包括与专业教师沟通学生的学习状况、反馈学生学习中的问题、总结推广学生的学习经验和学习方法等；配合思政理论课教师在学生中开展与教学内容相关的活动；承担一部分与学生思想政治教育相关的教学任务，包括思想道德修养与法律基础、形势政策教育、心理健康教育、就业指导等。

其次是对党团活动的"辅"。辅导员要根据学校中心工作要求组织学生的思想政治教育活动，具体工作主要是"辅"理论、政策和法规学习、党团建设和活动、评优评奖、社会调查和社会实践等。

再次是"辅"管理人员的管理活动。管理是教育过程顺利进行的保证，又是重要的教育因素。高校学生管理包括教学管理、活动管理、日常生活管理等。管理主要体现为一系列规章制度的执行，这些规章制度是各个管理部门制定的，并在相关部门管理人员的监督下执行的。辅导员的"辅"主要体现在向学生传达贯彻和执行这些制度，以及对管理制度实施的反馈等。学校的管理是无处不在的，而一切与学生有关的管理都要通过辅导员才能与学生联结起来，离开辅导员的组织协调，任何一项具体的管理活动都是难以进行的。

"导"是侧重方向、方法的帮助。辅导员的"导"有指导和引导双重含义。指导主要是学习、工作和生活方面的。学习方面包括学习态度、学习心理、学习情绪、学习方法等；工作方面包括年级（班级）工作、党团工作、社会工作和社会实践、人际沟通、就业等；生活方面包括恋爱、人际关系、消费、心理等。引导主要是思想方面的，包括思想方法、认识方法，以及世界观、人生观、价值观等。辅导员的"辅"和"导"是辩证统一的，是同一教育过程中的有所侧重的两个方面。辅中有导，导中有辅，辅与导结合相互促进。通过辅和导把各种教育力量、教育因素进行整合，提高教育目标实现的可能和程度。

3. 功能

全面了解辅导员角色的功能，有利于推进辅导员职业化发展。当前，辅导员除了思想政治教育工作外，还要承担辅导咨询、管理服务等工作。辅导员的功能可以概括为：维护稳定、提供服务、促进发展。

辅导员是高校教师队伍的重要组成部分，是大学生思想政治教育工作的骨干力量，是大学生健康成长的指导者、引路人和知心朋友，为培养社会主义合格建设者和可靠接班人，为维护高校和社会的稳定作出了重要的贡献，是保证高等教育事业持续健康发展不可或缺的重要力量。因此，维护稳定已经成为辅导员第一大功能属性及价值诉求。

辅导员的第二个功能是促进发展。教学、科研和社会服务是现代大学的三大基本功能，辅导员只有在促进学校教学水平的提高、科研成果的产出以及为社会提供优质服务方面多做文章，才能在学校占有一席之地，找到应有的位置。辅导员除了促进学校发展之外，还应努力促进学生和自身的发展。倘若辅导员不能很好地实现促进学生发展的目标，辅导员的价值和地位就值得怀疑。当然，辅导员在促进学生发展的同时，理应促进自身的发展。不与学生同进步，辅导员就很难成为学生之"师"并享有学生和他人的尊重，从而影响学生工作的效果。

辅导员的第三个功能是提供服务。一是为学校提供服务，为学校的教学科研提供优良的环境、井然的秩序，保证学校各项工作的开展。二是为学生的发展成才提供服务。按照全方位育人的要求，围绕提高学生全面素质的宗旨，辅导员要为学生提供学习指导服务、文化活动服务、心理辅导服务、勤工助学服务、宿舍管理服务、求职择业服务等。三是为社会发展提供服务。辅导员通过组织大学生的社会实践活动和服务社会活动，向社会输送智力、输送成果、输送服务，达到服务社会的目的。

4. 价值

充分了解辅导员角色的价值，可以使政府、社会、高校、辅导员自身增强对辅导员角色的认同感，从而促进辅导员职业化发展。

辅导员是学校与学生联系最直接、最密切，也是付出最多的老师。从个人成长发展的角度看，辅导员岗位也是个人获益最多的岗位。每一位学生对母校的情感中都有一份辅导员情节，每一位担任过辅导员的人都会有难忘的学生情节和对学生工作刻骨铭心的感受。辅导员岗位是青年教师和管理人员政治上走向成熟的阶梯。辅导员肩负着教育管理的重大责任，走上这个岗位就意味着政治上已经成为学生的导师，不论年龄大小，有无经验，原来的基础如何，岗位责任和教育对象都要求你必须尽快熟悉工作，进步成熟。辅导员岗位职责要求了解掌握与学生工作相关的信息，包括党和政府有关文件，特别是思想政治教育的文件，要多接触社会，接触家长，了解社会需求、家长们的希望和担忧。

学生本身的社会性特征也会在辅导员的教育管理活动中体现出来，这样就会使他们的责任感增强。辅导员的责任体现在对学校、社会和对家长的负责统一上，即对学生的思想负责、学业负责、安全负责。责任感又会成为辅导员自我约束的动力，只要在岗，责任心就不能松懈，做表率的意识就不能放松，甚至离开岗位的时候也会把这份责任感带到新的岗位。这就是许多做过辅导员的教师和管理人员都会比同类人员成熟得更快的原因。辅导员岗位是党政管理人员和教师理解学校教育功能与办学理念的重要课堂。学生是学校的根本，学校的工作都是为学生成长成才服务的。学校各部门人员由于分工只能了解学校工作的某一个侧面、某一局部，高层管理人员也只是从宏观方面把握学校整体工作的状态，只有辅导员接触的才是既全面又具体真实的学校工作。辅导员能够接触的问题包括教学管理水平、教学质量、学习生活设施、管理服务质量、学生思想品德、人际关系、婚姻恋爱、闲暇生活、安全、卫生、心理等方方面面，从了解学生、服务学生到理解学生、尊重学生、热爱学生，工作实践会使他们清楚地认识到学校教育管理工作的各种问题，深刻领悟学校为什么要以学生为本和怎样做到以学生为本。这些经历无疑都是宝贵的。

辅导员岗位是学习观察处理各种复杂问题和矛盾的演练场。大学生除了具有一般青年的特点还具有眼界开阔、思想活跃、个性倾向和个体差异突出等特点。社会的各种问题、各种现象，都会以各种各样的方式展现在他们面前。世界经济政治大事件、主要社会思潮、就业问题、心理问题、突发事件等都会在大学生群体中有所反映。大学生接受新思想、新观念最快，而且常常会有自己的独立见解，并总是尝试新的思想和行为方式。辅导员在与学生接触的过程中必然会遇到各种各样的矛盾，一个有责任感的辅导员一定会在处理各种复杂问题和矛盾的过程中不断学习和总结，使自己获得更多、更丰富的认识和处理复杂问题的经验。

辅导员岗位是了解和把握高校乃至国家新鲜气息的前沿。在世界经济一体化、政治多极化、文化多元化的情况下，在信息时代里，学生思想空前活跃，辅导员需要了解更多的信息，需要不断学习研究才能适应工作的挑战。人学习的动力主要来自工作和生活需要。教育和管理学生的需要会十倍百倍地激励辅导员关心了解国内外形势、学生的所思所想，研究和解决学生学习、思想、工作、生活中的新特点、新问题，不断拓展自己的知识面，提高认识水平和能力。对辅导员岗位的探索给我们的启示是：辅导员是实际工作者，应当具备的知识和能力是独特的，选配条件和培养方式应当充分体现岗位要求。辅导员工作是独特的领域和连续的过程，需要有丰富的经验和知识含量，因此，其队伍的组成人员应当是经验丰富、具备管理知识和专长的职业化人员。辅导员岗位是培养锻炼人才的岗位，辅导员是重要的人力资源。

（二）我国高校辅导员队伍职业化建设的根本目标

职业是为适应社会需要而产生的，职业活动具有社会性。高校辅导员制度是中国特色教育制度的重要组成部分，既有深厚的历史渊源，又有紧迫的现实需要。2004年中共中央、国务院发布的《关于进一步加强和改进大学生思想政治教育的意见》和教育部《普通高等学校辅导员队伍建设规定》的出台，既充分体现了高校辅导员职业的社会化和合法化，也综合了社会、学校和学生对高校辅导员的角色和情感期待，是对高校辅导员职业特点和职业形象最为生动的概括和写照，是高校辅导员队伍建设的根本目标和最终指向。

1.政治强

政治强就是要求辅导员要具备非常高的思想政治素质。非常高的思想政治素质，就是要求辅导员以身立教，教书育人，政治坚定，服务大局，具有崇高的职业理想和坚定的职业信念；要求辅导员以生为本，工作热情，爱岗敬业，无私奉献，具有强烈的职业责任和高尚的职业情操；要求辅导员以岗为荣，情注本职，钻研业务，具有极强的职业认同感和职业荣誉感……

2.业务精

大学生是高智商的特殊群体，高校思想政治教育工作者需要具备多种工作本领，才能应对这一特殊的工作对象。作为大学生思想政治教育工作者中的骨干力量和基本队伍，高校辅导员要熟谙党的教育方针和国家发展高等教育的政策法规，掌握开展思想政治教育的基本理论、基本原则、基本规律和基本方法，真正成为大学生思想政治教育的行家里手；要始终紧贴大学生的思想脉搏和实际需求，具有教育灌输、调查研究、预测决策、文字表达、演讲鼓动、组织协调的能力和水平，能切实解决学生职业生涯、心理健康、学习生活、就业创业等方面的具体问题，真正成为大学生的人生导师和知心朋友；要充分发挥自身在大学生思想政治教育中的骨干作用，组织和协调班主任、思政理论课教师、专业教师及学生骨干，共同做好经常性的思想政治工作，真正成为和谐校园建设的先锋队和排头兵。

3. 纪律严

没有纪律的队伍，是没有战斗力的队伍；没有行为规范的行业，是没有生命力的行业。纪律严，就是要求辅导员要有较强的组织纪律性，遵守辅导员职业的行为规范；在思想上有大局意识、责任意识、育人意识、形象意识；在语言上注意引导学生、启发学生、感染学生、影响学生；在工作中定位准确、职责明确、遵章守法、恪尽职守；在学生面前，想辅导员该想的事，说辅导员该说的话，做辅导员该做的事。

4. 作风正

"善为师者，既美其道，又慎其行。"言传身教，是对学生最好的教育、引导、服务和管理。作风正，就是要求辅导员要怀着一颗爱心、一颗事业心从事自己的事业，人格上尊重学生、纪律上严格要求、方法上因材施教、工作中一视同仁，春风化雨，润物无声；要以健康人格、高尚情操去感染学生，意志品格要坚忍，精神状态要饱满，思想作风要严谨，工作态度要端正，和蔼可亲，诲人不倦；要以文明形象、和谐仪表去影响学生，朴实端庄不矫饰，活泼开朗不轻浮，热情大方不造作，和谐文雅不庸俗，以美化人，树好楷模；要满怀激情、满怀热情地投入工作，能战斗，善创新，整体队伍过得硬、靠得住、关键时刻用得上。

（三）我国高校辅导员队伍职业化建设的个人期望

高校辅导员作为一个新兴职业，要稳住现有的、引来外面的，首先要解决的是当前辅导员的职业倦怠问题。这既是我国高校辅导员队伍职业化建设的个人期待，也是一切工作的切入点和落实点。

1. 减压松绑

职业角色模糊，职业责任重大，是当前高校辅导员队伍现状的真实写照，也是高校辅导员出现职业倦怠的重要原因之一。随着高等教育的大众化，学生人数在不断增多，独生子女开始成为高校学生的主体，各种可预见和不可预见的矛盾和问题层出不穷。学校各级领导、各部门对辅导员的"要求""指导"和"规定"越来越多，使得辅导员的工作内容越来越杂，工作范围越来越大，工作时间越来越长，尤其是安全稳定的"紧箍咒"和由于用非所学的专业背景而造成的"本领恐慌"，使辅导员深感压力，无所适从。因此，广大辅导员迫切希望通过职业化建设，进一步明确职责，分流工作，缓解压力，工作中有张有弛，生活中有所为有所不为。

2. 安心抬头

较低的职业归属和职业期待，是高校辅导员人心不安、队伍不稳的重要因素，也是高校辅导员出现职业倦怠的重要原因之一。在市场经济和社会阶层分化、社会结构重组的背景下，辅导员作为理性经济人，必然会同其他校园人比物质待遇、比精神待遇、比社会地位。与行政管理干部相比，他们面对的工作对象是涉世未深的学生而不是素质较高的教师，从事的是学生成长成才的诸多不可预测的工作而不是服务教师的程序性工作。他们是学校制度的直接执行者而不是参与制定者，工作时间是不确定的，不能像大多数管理干部一样准时上下班。与其他专业教师相比，尽管他们面对的工作对象都是学生，但教师术业有专攻，发展有方向，大多都可能成长为某一方面的专家、学者或学科建设的领军人物，受人敬佩；而辅导员既没有管理干部的行政级别发展，也没有教师的专业职称发展。因此，广大辅导员迫切希望通过职业化建设，与其他校园人相比，有较高的收入待遇，有较高的社会地位，被领导重视，受学生尊重。

3. 有为有位

职业评价学术性、平面化，是造成高校辅导员倦怠的又一重要原因。高校是培养专门人才的地方，是学术创新的前沿阵地。以科研论英雄，以学术定地位，是高校人才评价机制的主要特点。但科研工作有其特点和规律，要求所有人都去搞"科研"，对所有人都用"科研"这根指挥棒评判其业绩表现，从而决定其工资待遇，显然是不合理的，对辅导员来讲更是不公平。辅导员大多不具有政治学、管理学、教育学、心理学等与工作密切相关的专业背景，再加上工作多、时间紧、节奏快、压力大，既不可能在学生思想政治教育方面有所作为，也不可能在原有专业上有太大建树，标志性的学术成果更是无从谈起。目前，许多高校在辅导员评价上都进行了积极的探求和实践，但整体上是主观评价多而客观评价少，定性评价的多而定量评价的少，仅有的定量部分大多也是比照专业教师的教学工作量、科研工作量而定的。这种学术性、平面化的模糊评价，短期效果好而长期效果差，对个人示范力强而对群体带动效应差，不仅不能激发辅导员的职业荣誉感，反而会积累更多的委屈和怨气。因此，广大辅导员迫切希望通过职业化建设，能在事业上有所作为，能得到公平的评价和公正的认可。

4. 开放发展

职业理想缺失，发展空间狭窄，是当前高校辅导员出现职业倦怠的最重要原因。高校辅导员职业发展的主要渠道是晋升党政干部，而党政干部越来越多地从教师中选拔，辅导员转教师渠道不通、向校外输送又比较困难。辅导员提升过慢的现象，势必会让辅导员产生发展无望的想法，进而对工作失去信心和兴趣。广大辅导员迫切希望通过职业化建设，在横向发展上能术有专攻而不是包罗万象，能自由地选择自己的发展方向，能通过自身的努力而达到一定的学术造诣；在纵向发展上，能有体现辅导员工作特色的发展，能通过自身的不懈努力，不断获得工作的兴趣和动力，逐步实现自己的职业理想，逐步获得应有的社会地位；在人才流通中，有合理的淘汰机制，有科学的准入机制和对外交流机制，从而形成生动活泼的职业发展局面。

（四）我国高校辅导员队伍职业化建设标准

高校辅导员作为国家政策认可的一种合法的新职业，作为新形势下高校师资队伍建设的一个重要组成部分，与其他社会职业相比，与高校其他师资群体相比，有着十分鲜明的时代特征。这既是高校辅导员职业的群体标准，也是社会和高校推进辅导员队伍职业化的切入点和落脚点。

1. 人员专业化

政治强、业务精的社会要求和希望有所作为的个人期待，要求职业化的辅导员队伍必然是一支有较强学术背景的专业人才队伍。从辅导员个体角度来讲，就是要求从事辅导员工作的人员，必须具有与辅导员工作相适应的专业背景、专业技能、专业素质和专业情感，而不是唯学历为准；必须能利用专业知识科学、快捷、有效地开展辅导员工作，而不仅仅是依靠经验开展工作；必须能长期、执着地从事辅导员工作，而不是"铁打的营盘流水的兵"。从辅导员队伍整体来讲，必须要有能为辅导员岗位不断提供学士、硕士和博士等不同人才的辅导员专业；必须要有专业化的资格认证和准入制度；必须要有规范化的岗前培训和再教育机制；必须要有科学合理的分流机制，在流动中稳定骨干，在动态中优化结构。

2. 岗位结构化

政治强、业务精的社会要求和期望减压松绑、安心抬头的个人呼声，要求职业化的辅导员队伍必然是一支专业全面、各有侧重、专长互补、结构合理、功能优化、自身激励的专业化团队。从辅导员队伍的整体来看，为适应团队战斗力、凝聚力和发展力的需要，职业化的辅导员队伍应是学缘结构、专业结构、岗位结构、功能结构、职级结构、年龄结构、数量结构、进出结构等都科学合理的一支团队；从横向方面来看，为适应受教育者需求多元化、层次化、个性化的变化，辅导员岗位应该是由思想政治教育辅导员、学生事务辅导员、心理健康教育辅导员、就业指导和人生规划辅导员等组成，不同专业背景的辅导员应在不同岗位上为青年学生提供不同内容的专业化服务；从纵向方面来看，为适应教育者专业化、专职化、专家化发展的需求，每类岗位上都有不同职级的辅导员，在从事着教育、管理、服务、研究、帮带等不同职责的工作；从人员来源看，为适应辅导员队伍团体结构合理的需要，辅导员队伍的组成人员应是专兼结合，以专职为主、以专业人员为主，思想政治教育岗位的辅导员应与大学生思政理论课教师队伍建设、思想政治教育专业学生实习相结合，学生事务岗位的辅导员应与高年级学生党员、学生干部以及新进专业教师的岗位锻炼相结合，就业创业指导、心理健康教育岗位的辅导员可与社会上各类专业咨询机构的专业人员相结合，等等。

3.工作程序化

辅导员队伍职业化的社会要求和个人期望，要求职业化的辅导员队伍必然是一支精干高效、事半功倍的职业化队伍。总的来讲，辅导员应该适应思想政治工作针对性、实效性以及循序渐进的要求，遵循一定的工作流程，按照四年一个大周期、一年一个中周期、半年一个小周期的规律，适时、按部就班地去完成各项工作；从小的方面来讲，辅导员应适应辅导员工作科学化、规范化以及精细化的要求，每一项工作都应该按照自身的内在规律和具体特点细化为若干个基本要素，并依据一定的工作程序依次进行；从辅导员自身素质来讲，为适应工作严密性、条理性以及简洁性原则，每位辅导员都应该具备在调查研究的基础上，不断研究工作程序、完善工作程序、创新工作程序的能力和水平，具备创造性地执行工作程序的激情和信心。

4.发展多元化

辅导员职业化建设的社会要求和社会期待，要求职业化的辅导员队伍必然是一支开放发展、富有活力的职业化团队。根据《普通高等学校辅导员队伍建设规定》（以下简称《规定》），辅导员的职业发展有三个方向。

一是走专业化发展的职业方向。《规定》要求：高等学校应结合实际，按各校统一的教师职务岗位结构比例合理设置专职辅导员的相应教师职务岗位。高等学校应根据辅导员岗位基本职责、任职条件等要求，制定辅导员评聘教师职务的条件，突出其从事学生工作的特点。

二是走行政职级发展的职业方向。《规定》要求，高等学校可根据辅导员的任职年限及实际工作表现，确定相应级别的行政待遇，给予相应的倾斜政策。

三是走职业圈外的职业发展方向。《规定》要求，高等学校应把辅导员队伍作为后备干部培养和选拔的重要来源，根据工作需要，向校内管理岗位选派或向地方组织部门推荐。从辅导员的角度来讲，每个人都应该根据自身的实际情况，明确自身的职业理想，做好自己的职业规划，加强自身内在素质的建设，抓住并利用机会发展自己。

5.管理学术化

辅导员职业化的社会标准和个人期待，要求职业化的辅导员队伍必然是高校的一支术业有专攻、举足轻重的师资力量。从思想上来讲，就是要求高校要像选拔、培养学术骨干一样培养、选拔思想政治教育工作者，着力建设一支政治坚定、专兼结合、结构合理、素质过硬的辅导员队伍；从决策上来讲，就是要按照教授治学的办学理念，在有关学生事务的工作决策中，逐步建立倾听辅导员"声音"的长效机制，搭建有利于辅导员"发言"和"决策"的工作平台，增强辅导员的学校主人翁意识，提高辅导员在学校管理工作中的地位；从具体工作上来讲，辅导员管理机构要根据岗位性质，组建相应的学术梯队，对辅导员的学术研究工作进行目标化管理；从评价体系上来讲，对辅导员的工作考核，要结合辅导员的岗位特点，不唯论文、不唯课时，但随着职级的提升，要不断强化学术研究的要求；从周边环境上来讲，学校和社会要通过建立专业化的协会、研究会以及创办学术期刊、交流网站，完善国家、省、校三级专业化、规范化的岗位培训机制，为辅导员向专职化、专业化、专家化发展提供政策和制度支持。

二、"互联网+"时代高校辅导员职业化的路径

（一）提高高校辅导员职业化重要性的认识

认识是行为的先导。只有充分认识高校辅导员职业化的重要性，才能自觉推进辅导员职业化的进程。关于对高校辅导员职业化重要性的一般性认识，在研究该问题的现实依据中已作阐述，在此不再赘述。此处重点强调要领导重视与提高辅导员自身认识。

1. 领导重视是推进辅导员职业化发展的关键

根据一般规律，要推进一项工作发展，领导重视是关键。实现高校辅导员职业化亦不例外。此处说的领导重视主要是地方教育行政部门和高等学校的领导要做到对高校辅导员职业化工作的重视，前提是对该项工作的重要性有充分的认识。实践表明，党和国家对高校辅导员工作和队伍的建设比较重视，但到了地方与基层就不同了，有的重视，有的则不很重视。各地的落实情况也不相同，有的是真抓实干，有的是"起草文件时重要，工作起来次要，考虑发展时不要"。行为差异的根源还在于思想认识，在于没有充分认识辅导员工作和辅导员队伍建设的重要性，没有认识到加强辅导员队伍建设对于搞好大学生思想政治教育工作、对于高校形象的确立与稳定发展、对于学校及地方教育质量提高有着重要且不可替代的作用，更不用说对于为党和国家的兴旺发达、为中国特色社会主义事业发展培养合格人才的重要性。领导只有认识提高了，才能在思想上真正重视，只有真正重视了，才能把辅导员队伍职业化建设作为一项战略任务来抓，将辅导员的地位明确化，对辅导员的发展出路、待遇、职务、职称评定等有助于实现其职业化的问题，按照党和国家的要求给予切实可行的解决。

2. 辅导员自身的认识状况是推进其职业化发展的基础

领导重视和政策保证，是辅导员把本职工作作为一项可以长期从事职业的前提，要真正实现辅导员职业化还要通过辅导员自身行为来体现。行为受思想的支配，所以辅导员自身对职业的认识在推进高校辅导员职业化进程中具有重要的作用。目前，高校选聘的辅导员大部分是学生党员，其中有很多是学业上的佼佼者，他们具备较强的事业心、责任感和满腔的工作热情。在此基础上，他们还要转变对辅导员工作的片面认识，将辅导员工作作为事业发展的平台，努力强化对本职工作的认同感和亲和力，开阔视野，放眼未来，长远规划，为成为一名学生教育专家和管理专家，成为一名富有战斗锐气、不断焕发力量和智慧的优秀高级德育工作者而努力。

（二）强化高校辅导员职业化的学科支撑

大学生思想政治教育的学科依托是思想政治教育学科。学科对高校辅导员职业化的支撑主要体现在两个方面：一是专业支撑，即为实现辅导员职业化培养专门人才；二是理论支撑，即为辅导员的科学研究创造条件。教育部有关文件要求，高等学校要加强对学生辅导员的教育、培养"要像培养业务学术骨干那样，花大力气培养高水平、高素质的学生思想政治工作骨干"。要做到这一要求，必须发挥思想政治教育专业的作用。为了满足高校辅导员专业化建设的需要，增强培养的针对性，现有的思想政治教育专业可以在两方面进行加强：一是在思想政治教育本科专业中增加辅导员方向，其培养目标或培养方案、课程设置等都突显辅导员的特点，培养的是辅导员专门人才；二是对现有的课程设置做适当调整，增加辅导员特色的一些必修、选修课程，使毕业生在校期间初步掌握从事辅导员工作的知识和技能。

要使大学生思想政治教育工作成为学科，必须加强理论研究。为此，应在现有思想政治教育学科中增设大学生思想政治教育研究方向：一是培养具有一定研究能力的硕士研究生和具有较强研究能力的博士研究生；二是使现有思想政治教育学科的教师中，有一批专门从事与高校辅导员工作直接相关的理论研究，从而促进大学生思想政治教育工作从经验上升为理论，使高校辅导员工作从"经验型"提升为"科学型"。

1. 营造高校辅导员职业化的社会氛围

《关于进一步加强和改进大学生思想政治教育的意见》中提出要努力营造大学生思想政治教育工作的良好社会环境，呼吁社会各个方面都要关心大学生的思想成长，支持大学生思想政治教育工作，要求各级党委和政府要为高等学校创造良好的育人环境。与之相应，高校辅导员队伍职业化也需要一个良好的社会氛围，即需要社会各方面给予辅导员工作充分的认同和支持；各级政府和行政管理部门要切实落实党和国家对辅导员的政策待遇；各级宣传部门要加强对优秀辅导员的宣传报道，让社会了解辅导员工作的特点和艰辛。总之，社会要营造一个让辅导员感受到尊重、公正的工作和生活氛围。

另外，高校要为辅导员职业化的发展创造条件。首先，要努力为辅导员营造一种良性竞争的工作环境。学校教育管理者要建立健全、合理的管理制度和奖惩制度。学校的各项改革要加大透明度，任何改革措施的出台都要考虑辅导员这一层面。其次，要致力于建设一个平等、团结的学校环境。各高校要坚持以人为本，不断改进领导方式，推行人性化管理，给辅导员提供参与学校事务管理和决策的机会，充分发挥辅导员的主人翁意识。再次，努力创造良好的物质环境。各高校要改善辅导员的工作条件，切实减轻辅导员的工作负荷和精神压力，在抓辅导员素质建设的同时，要努力提高辅导员的生活水平和福利待遇，提高辅导员的社会地位，加强辅导员的职业认同感。

2. 加强高校辅导员职业化的理论研究

高校辅导员职业化问题已经引起各级教育主管部门与高等学校的高度重视，但是如何科学、有效地推进高校辅导员队伍向职业化发展还需要做深入的研究。只有思想上明确，才能做到行为上的正确。要加强辅导员职业化研究，首先，在科研立项上要予以支撑。国家及各地社会科学规划工作领导部门要把辅导员职业化建设研究列入规划中，各级教育行政部门科研处以及各高等学校在科研项目规划中都应有高校辅导员职业化方面的选题。其次，要组织研究队伍。各高等学校要组织部分专家学者对辅导员职业化问题进行专门的研究。最后，要有经费保证。各级部门应对高校辅导员职业化问题研究予以应有的经费支持。

（三）建立职业准入制度

职业准入制度是现代专业性职业发展过程孕育的一种职业管理制度，其普通的做法是建立资格（或许可）制度，规定公民从事某些专业性工作的最低标准。

《中华人民共和国教师法》第十条明确规定了教师的职业基准："中国公民凡遵守宪法和法律，热爱教育事业，具有良好的思想品德，具备本法规定的学历或者经国家教师资格考试合格，有教育教学能力，经认定合格的，可以取得教师资格。"

目前，很多高校都根据各自的实际工作需要和人事制度要求，在坚持大标准和原则的基础上，建立了各具特色的选拔辅导员的制度和标准。比如湖南大学对辅导员的任职条件做了如下规定："政治立场坚定，具有共产主义理想和信念；有一定的理论修养和政策水平，作风正派，无违法违纪行为。有较强的事业心和责任感，关心并乐于从事学生工作。原则上要求是中共党员，有较强的组织管理能力与表达能力，能组织好班级、年级大会和社团文体活动。能独立起草工作计划、总结等文字性材料。口齿清楚，思维开阔，反应敏捷。身体健康，无传染性疾病，五官端正，心理健康。"山东大学要求辅导员除应为中共党员、具有硕士及以上学位外，还应具有与工作相适应的专业知识、职业素养和职业能力。中山大学也要求辅导员的学历达到研究生水平，在专业知识方面要求掌握人文社会科学、自然科学的基本知识，具备思想预测能力和独立从事科学研究的能力，特别强调辅导员要具备对学生的职业选择和职业生涯规划给予科学指导的能力等。南京邮电大学对辅导员的任职条件是：硕士及以上学历；热爱教育事业，具有良好的职业道德和身体素质，能吃苦耐劳、善于处理学生管理工作中的问题，工作责任心和语言表达能力强，普通话好，有较强的沟通和协调能力；中共党员，在本、硕期间曾担任班、团、学生会主要学生干部，有文体特长。

综观我国高校辅导员选拔标准，辅导员的准入制度还处于初创时期，条件、要求各有差异，还没有形成全国性的统一标准。各高校现有的"标准"还过于原则化，不具操作性，其科学性、规范性尚待提高。

建立辅导员职业准入制度是辅导员职业化发展的关键。而制定统一的，更为规范、科学的辅导员职业标准是辅导员队伍职业化建设亟须做的一项基础性工作。

辅导员的职业标准，在内容上应包括辅导员的道德标准、专业技能标准、学术水平标准、自我发展能力标准等。道德标准是指辅导员的个性品德和职业道德，包括道德水准、心理健康、人生态度、人际交往、个性倾向、事业心、责任感等。专业技术标准是指集教育、管理和服务于一体的理论与实践素养，包括理论学习能力和科学研究能力。学术水平标准是指辅导员在从业领域中理应达到的理论标准，包括国家规定的学历标准和知识面等。自我发展能力标准包括开放进取的个性倾向、创新意识和接受新事物的能力等。

在选拔辅导员时要按高标准、严要求实行"准入"制。一是要根据辅导员工作的性质、特点选择合适的学科专业与学历层次，重思想政治素养。二是要制订方案坚持严格科学的选拔程序与方法，坚持公平、公开、公正、择优的原则。三是要对最终确定人选按照其学科背景、能力特长和潜在的优势确定相匹配的具体岗位，使辅导员的选聘与配置更趋优化。

要坚持严格的准入机制，还要采用科学的选拔方式。具体的选拔办法建议采用公选制，即学校组成有学工、人事、组织等部门联合参与的选拔小组，面向社会公开选拔学生辅导员。基本程序是面向社会广泛发布信息，包括岗位设置、人员数量、职责要求、任职资格等准入标准和要求，然后参加国家公务员考试或学校单独组织考试，从晋级人员中按3：1比例确定面试对象进入面试。面试的方式是成立专家组对面试对象单独考核，考核内容包括公共必答题目和个人才艺表现、能力展示等，然后再进行心理健康测试和组织考察，从而确定最终人选。

（四）完善职业保障机制

完善辅导员职业保障机制包括三个方面。

1. 专业技术职务晋升制度

辅导员专业技术职称（简称"职称"）的评定应充分考虑其工作实践性强、事务性多和任务繁重等特点和实际，制定科学合理的辅导员工作绩效评估综合系统，同时结合学术水平，实现辅导员职称评定"学术与实践"的有机统一。

辅导员的职称评聘，必须有一个符合实际的全国统一标准，以适应未来职业辅导员工作的开展。可以考虑设立大学生教育研究序列，并在部分成熟的高校试行。

作为全国高校辅导员专业技术职务的统一标准，待其运行成熟后，再在全国范围内推行。

将辅导员纳入研究员专业技术职务序列，单独设立大学生教育研究方向，是符合当今高校学生工作实际的。辅导员在实践性工作的基础上加强学生工作理论研究是职业化的需要，这样才能与辅导员未来职业发展的趋势相吻合。将辅导员职称纳入研究系列，在职业角色和心理上也容易被辅导员接受和认同，能够满足辅导员的职业归属和成就感，激发他们进行科研创作，深入探究学生工作规律的热情，真正为高校造就一批实践强、理论精的专家型辅导员人才；同时，也十分有助于提高辅导员的社会地位，提高高校学生工作受重视的程度，形成全社会关心、支持高校学生工作的合力。

在具体做法上，可以考虑对专职辅导员实行全员评聘，按照研究系列职务晋升办法，设助理研究员、副研究员、研究员等技术岗位，严格根据学历条件、工作年限、工作实效、学术科研成果等条件进行考核晋级。

2. 理论研究条件

在当前形势下，学生工作面临着许多新情况、新问题，诸如和谐校园建设问题、理想信念问题、学习目的态度问题、信息网络化问题、后勤社会化和住宿公寓化问题、学生贫富差距大问题，等等，都亟须辅导员去研究、探索和解决。辅导员要提高理论素养，增加学生教育引导的深度，就必须加强相关理论的研究。高校应该为辅导员开展理论研究创造良好的条件。各高校在积极争取国家、省级科研项目的同时，可设立专门针对学生工作的校级科研项目，鼓励辅导员申报立项，并提供物力、财力支持，促使他们进行和工作领域相关的研究和探索。高校在设立专门科研项目的同时，还可增设包括研究基金、出版基金、奖励基金在内的一定的学生工作科研基金，用于辅导员研究所需经费，并对优秀研究成果予以奖励。为解决理论文章发表难的状况，高校可对辅导员上交的论文进行严格审核评选，择优奖励，并定期印制学生工作理论文集，进行内部交流。

充足的资料和信息是进行科研的前提和保障。如条件允许，高校可在图书馆设立专门为辅导员服务的专用资料室，配备专门人员管理，购置充足的图书、音像资料，如思想政治教育、学生管理基本理论著作，教育部、地方教育主管部门有关政策文件，近年来高校学生工作研究著作、论文集，思想政治教育和学生管理刊物等；还可配置一定数量的电脑，供辅导员上网查询资料，与本校、外校同事进行交流。

3. 福利待遇

（1）工作条件。辅导员的工作条件包含两方面的内容：一是物质上的，如办公场所、设备、经费等；二是政策支持层面上的。近年来，高校的内部环境发生了很大变化，这些变化带来的连锁反应是学生的自主权利更大，自我权利意识、维权意识越来越强，这导致辅导员运用管理手段越来越困难。现实生活中，高校学生工作面临的情况比过去更加错综复杂，学生与学校的纠纷、与辅导员的纠纷时有发生。在这种情况下，为保证辅导员在职责范围内能够顺利开展工作，学校应制定相关规定，保障辅导员在工作开展中的合法权益；还可以采取聘请辅导员法律顾问的办法，为辅导员开展工作提供法律支持。

（2）福利。在辅导员的福利上，高校可设立或提高辅导员岗位津贴，并使之长期化、制度化。辅导员岗位津贴很重要，可以在经济上起到一种平衡器的作用，在情感上对辅导员起到一种心理上的安慰。有的高校的做法，值得借鉴和推广，比如湖南农业大学规定辅导员享受学院教师同等待遇，学校还单独为辅导员补助手机费，发放业务补助费，为住学生公寓的辅导员发放加班补助费等。这种做法，在辅导员职业化尚未进行或开始的初期，对于辅导员在经济和心理上的支持是很重要的。

（五）明确专业化工作内容

当前的学生工作领域已由原来的思想政治教育和学生管理拓展到助学服务、职业生涯规划指导、心理辅导、就业创业指导、课外活动指导等多个方面。职业辅导员的工作内容和发展方向也要逐步向专业化细分，将来的辅导员可以发展为学生工作某一领域的专家。

1. 学生事务管理

高校学生事务管理是指高校对学生非学术性活动和课外活动的组织指导和管理。作为高校学生工作的基础性工作，学生事务管理对学生的成长与发展起着不可替代的规范作用、保障作用和引导作用。学生事务管理是用具体的规章制度和条例来规范学生的思想和行为，通过人性化的服务保障学生的权益，达到管理的效果，从而引导学生的思想和行为，真正为学生的健康成长与发展奠定坚实基础和提供有力保障。

随着我国高等教育的快速发展，学生事务管理工作也日益复杂化、多样化，而其核心则是紧紧围绕着学生的学习、发展及其需要来进行的。学生事务管理的主体——辅导员必须从学生的需要、利益出发，自始至终贯穿主动、积极为学生服务的意识；通过换位思考站在学生的立场去思考问题，想学生之所想、急学生之所急、做学生之所需，以期为他们的学习和发展提供优质的服务。辅导员要通过指导学生社团活动、提供各种学生事务服务来帮助学生尽快提高对学校的认同感和归属感，要帮助学生健康成长，帮助学生发展多方面的才能，帮助学生提高学术能力和水平。而这些学生事务管理方面的知识和能力，是需要辅导员去学习、去通过实践积累经验的。一部分辅导员通过自己的努力，可以向专家化方向发展。

2. 心理健康教育

心理健康教育是高校学生工作的重要组成部分，是促进大学生全面发展的重要途径和手段。作为心理健康教育主体的辅导员必须具备一定的心理学专业方面的知识。辅导员要掌握一定的心理训练方法，针对不同的对象进行科学的心理干预；要能够收集分析心理健康信息，制定心理素质培养教育方案，帮助大学生树立心理健康意识、优化心理品质，增强其心理调节能力和对社会生活的适应能力，预防和缓解心理问题，并对已经发生的心理问题进行有效干预。经过多年工作实践，辅以理论上的学习提高，一部分辅导员就可以向心理教育专家发展。

3. 职业生涯规划与就业指导

大学生正处在对个体职业生涯的探索阶段，对大学生进行职业生涯规划辅导，能够引导学生正确认识自我，帮助学生进一步了解社会，帮助学生增强自信心，促成学生自我价值实现。辅导员是大学生职业生涯规划辅导中不可或缺的重要角色，在大学生职业生涯规划中具有重要的指导和引导作用。

对学生进行就业指导也是辅导员的一项重要职责。辅导员是学生就业知识的传授者、选择职业的引路人、就业市场的信息员和择业心理的辅导者，等等。辅导员要想成功地做好学生就业指导工作，就必须具备与就业指导相关的心理学、教育学和社会学等学科的基本理论知识与方法；要熟悉有关劳动就业的法规与政策，帮助学生提高就业能力和技巧，培养学生在就业工作中的抗挫折能力；还要做好学生升学与择业心理的辅导工作。辅导员要通过指导与帮助，使学生看到自己的优势，增强自信心，勇敢地"推销"自己，主动寻找就业机会。一部分辅导员通过职业生涯规划和就业指导等方面知识的学习与实践，可以发展成职业生涯规划和就业指导方面的专家，从而切实帮助学生正确认识自我、合理规划职业生涯、提高就业竞争力。

辅导员职业化是一个漫长而渐进的过程。社会尤其是教育行政系统与高校需要在认识上统一，在组织上给予保证，在实施策略上采取恰当的方法，探索各种有效的途径，从而快速推进高校辅导员职业化进程。

参考文献

[1] 曾昭皓，李卫东 . 高校辅导员职业化的反思与建构 [M]. 桂林：广西师范大学出版社，2013.

[2] 陈虹 . 高校辅导员工作理论与实务 [M]. 天津：天津科学技术出版社，2011.

[3] 崔益虎 . 梦想与选择——新时期高校辅导员职业化、专业化、专家化之路 [M]. 徐州：中国矿业大学出版社，2015.

[4] 胡金波 . 高校辅导员职业化发展研究 [M]. 苏州：苏州大学出版社，2010.

[5] 李莉 . 高校辅导员专业化发展研究 [M]. 南京：东南大学出版社，2011.

[6] 毛建平 . "互联网＋" 时代高校辅导员队伍建设研究 [M]. 天津：天津科学技术出版社，2017.

[7] 史仁民 . 高校辅导员专业发展论 [M]. 北京：中央编译出版社，2018.

[8] 唐德斌 . 职业化背景下高校辅导员的专业化发展 [M]. 成都：四川人民出版社，2013.

[9] 滕云编 . 高校辅导员职业化研究 [M]. 上海：上海交通大学出版社，2013.

[10] 易真龙，杨康，周文清，等 . 高校辅导员队伍职业化建设理论与实务 [M]. 徐州：中国矿业大学出版社，2012.

[11] 张革华，彭娟 . 高校辅导员工作探索与创新——一名辅导员的职业化践行之路 [M]. 北京：中国社会科学出版社，2009.

[12] 张晶娟 . 高校辅导员职业化发展研究 [M]. 北京：对外经济贸易大学出版社，2017.

[13] 张书明 . 高校辅导员队伍建设 [M]. 济南：泰山出版社，2008.

[14] 张文强 . 高校政治辅导员职业化研究 [M]. 开封：河南大学出版社，2007.

[15] 张再兴，等 . 高校辅导员队伍建设理论与实践 [M]. 北京：人民出版社，2010.

[16] 赵睿，等 . 高校辅导员职业生涯管理研究 [M]. 北京：中国书籍出版社，2012.

[17] 周家伦 . 高校辅导员——理论、实务与开拓 [M]. 上海：同济大学出版社，2011.

[18] 周岚峰 . 高校辅导员工作理论与实务 [M]. 西安：西安交通大学出版社，2011.